藏书票之话

[日] 斋藤昌三◎著
魏大海◎译

金城出版社
GOLD WALL PRESS
北京

不埋没一本好书，不错过一个爱书人

七楼书店

EX LIBRIS
藏書票の話
齋藤昌三著

○

中文版序

《藏书票之话》，日本斋藤昌三著。书前有日本近代旅游文学创始人小岛乌水（1873—1948）序、美国芝加哥大学人类学教授弗雷德里克·斯塔尔（Frederick Starr，1858—1933）博士英文序和作者自序。正文三章十一节，即首章五节：前言、藏书票的主旨、制作的种类、贴附的位置、制作的准备；次章三节：藏书票的起源、日本藏书票史、装帧与藏书票；第三章三节：藏书票爱好者与收集趣味、日本藏票界领袖与藏票会、藏书票制作者；附录四篇：日本藏票会作品概评、藏票同好会作品、冈崎藏票会作品以及藏书票余谈。书末又有藏书票图录，共收欧美和日本各个历史时期的藏书票代表作百余种，包括美国第一任总统乔治·华盛顿、作家雨果和夏目漱石、画家马奈和比亚兹莱等世界文化名人和斋藤昌三自己使用或制作的藏书票，每页一种，洋洋大观，其中日本大正至昭和初期的藏书票二十余种为原拓贴入，尤为珍贵。

由东京文艺市场社于1929年8月6日初版的这部《藏书票之话》为16开本，用纸和装帧极为考究。全书分别选用法国纯云石（花纹）纸、奥地利黑色罗纱纸、西班牙安达鲁纸、英国和德国纯质厚纸以及日本和纸精印合订，小羊皮精装，书顶、书脊印有EX LIBRIS（即拉丁文藏书票之意）字样，封面书名烫金且饰以彩纹。初版限定五百部，其中十二部为作者自存本，另外四百八十八部为豪华本，编号出售。在斋藤昌三多达七十余种各类编著中，这部《藏书票之话》是最为华美、气派的一种。

众所周知，藏书票源远流长，起始于十五世纪的德国，至十九世纪末二十世纪初的欧美达到黄金时期，是西方书籍文化的一个重要组成部分，与东方的藏书印艺术同旨异趣，互相辉映。据斋藤昌三在此书中考证，早在明治初年（1868），藏书票就已流传到日本，明治五年（1872）日本出现第一张纯西洋风格铜版蚀雕藏书票，到了明治三十三年（1900）十月，诗刊《明星》创刊号上发表了佚名所作较为详细的介绍藏书票的文字。从此以后，藏书票在日本文坛和藏书界得到认同和广泛使用。夏目漱石、田山花袋、北原白秋、内田鲁庵、小岛乌水、日夏耿之介、川路柳红、志贺直哉等明治、大正时代的文学大家都成了藏书票爱好者，桥口五叶、木村庄八、石井松亭、竹久梦二、有岛生马等著名画家也都成了藏书票作者。但提倡和推广藏书票最力者还是斋藤昌三，这部集欧美和日本早期藏书票之大成、堪称简明藏书票史的《藏书票之话》就是一个明证。笔者不

《藏书票之话》1929 年初版本书影

紫光轩／藏

《藏书票之话》1929 年初版本限量编号

紫光轩／藏

知道西方最早研究藏书票的专著出版于何时，《藏书票之话》却是日本同时也是东方最早研究藏书票的专著，比我国梁栋、鹏程先生编著的《藏书票艺术》一书早问世六十余年之久，难怪日本藏书界要奉之为藏书票“圣经”。

有意思的是，中国现当代作家与这部藏书票“圣经”有着特殊的因缘。首先，鲁迅曾购读《藏书票之话》。1930年6月13日鲁迅日记记云：“夜至内山书店买《藏书票之话》一本，十元。”十元大洋在当时可不是一个小数目。不过，鲁迅购置的已不是初版本，而是1930年4月日本展望社的改订增补版。《藏书票之话》初版本出书后大受欢迎，不到半年即被抢购一空，而初版本又有一些错字，如书脊所印“EX LIBRIS”误作“EX LIBLIS”，因此才有再出改版本之举。尽管改版

《藏书票之话》1929 年初版本书影

紫光轩／藏

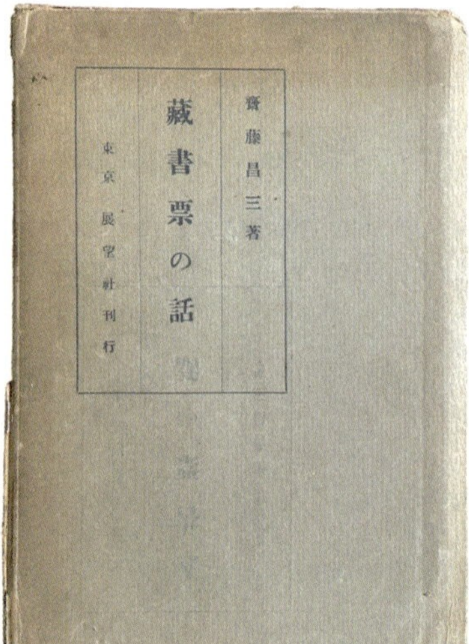

《藏书票之话》1930 年改版本函套

《藏书票之话》1930 年改版本书影

本无论用纸还是装帧都不及初版本，但“做了些许增补”等，使之更为完备，正如斋藤在《再版序》中所指出的：“比之前版趣味独具。”鲁迅对斋藤昌三的编著一直很注意，斋藤昌三编印的日本著名翻译家、散文家内田鲁庵的书话集《纸鱼繁昌记》（1932年2月书物展望社普及版925号）、《续纸鱼繁昌记》（1934年书物展望社限定版916号）和《读书放浪》（1932年书物展望社限定版153号），鲁迅都有收藏。直到逝世前一个多月的1936年9月8日，鲁迅还购买了斋藤昌三新出版的书话集《纸鱼供养》（1936年5月书物展望社决定版490号）。鲁迅的藏书票知识是否由《藏书票之话》而来，尚不能遽下判断，但由此足可窥见鲁迅对藏书票和日本书话著作的浓厚兴趣。

其次是书话家叶灵凤。1932年至1933年间，热衷搜集日本藏书票和有关文献的叶灵凤与斋藤昌三通信，交换藏书票，承斋藤昌三馈赠《藏书票之话》初版本和《纸鱼繁昌记》各一册，叶灵凤则回报以叶德辉的名作《书林清话》和《书林余话》，从此开始了两人十多年虽不密切却很动人的神交。叶灵凤先后为斋藤昌三写过四篇书话，即同题《纸鱼繁昌记》的两篇、《书斋之成长》和《书斋随步》，两位爱书家交流切磋、互通有无的深厚友情在这些亲切醇厚的文字中表露无遗。即使在日中交恶的非常时期，两人的情谊也未中断，斋藤昌三还辗转托人赠叶灵凤新制的藏书票多种和《纸鱼繁昌记》改版本，不能不令人感动。

必须指出的是，据作家傅彦长的日记，1933年8月9日，叶灵凤在寓所请巴金、施蛰存、林微音、杜衡等友人观赏藏书票，应该就包括这本珍贵的《藏书票之话》

在内。三个多月后，叶灵凤在1933年12月《现代》第四卷第二期上发表长文《藏书票之话》，这是中国第一篇，也是在以后相当长时期内较为权威的一篇探讨藏书票历史和艺术特色的文章，不但文题借用了斋藤昌三的书名，而且内容上也深受斋藤昌三《藏书票之话》的影响。叶灵凤此文分所谓藏书票、藏书票小史、藏书票的制作和余话四个部分，第二部分藏书票小史借鉴《藏书票之话》尤多，关于日本藏书票发展史更几乎是一字不改地照录。因此，如果说中国的藏书票研究从起步之时就受到日本这部藏书票“圣经”的启发，恐不为过。

还有香港书话家黄俊东，也是一位藏书票收藏者和研究者。二十世纪六十年代初，承日本研究中国现代文学专家、京都大学名誉教授竹内实的美意，黄俊东得到一部《藏书票之话》初版本，如获至宝，曾撰《藏书票之话》一文记其事。此文后收入黄俊东的第二本书话集《猎书小记》（1978年香港明窗出版社初版），虽仅千余言，却是中国第一篇专门介绍《藏书票之话》的文字。

然而，无论是鲁迅，还是叶灵凤和黄俊东，这三位《藏书票之话》的中国收藏者，对其作者斋藤昌三的生平和众多文学贡献都不甚了了。二十世纪五十年代后，叶灵凤好像和斋藤昌三失去联系，斋藤昌三去世，叶灵凤大概也不知道，否则他是决不会不为文纪念的。

斋藤昌三系日本神奈川县人，原名政三，笔名未鸣、桃哉，藏书室名“少雨庄”，晚年自号“少雨叟”。斋藤早年服务于商界，曾在邮电局、建筑局和贸易公司任职，但他迷恋文史，尤其爱书如命，以搜集初版本、限定本、私刊本、查禁本和藏书票为己任，为当时收藏和研究明治、大正时代稀见书刊的三大“书痴”之一。

后来他转入文坛，先后担任《书物往来》《爱书趣味》《芋蔓》《怪诞》杂志和《明治文艺侧面钞》《明治文化全集》等书的编辑。1931年7月，又与日本著名藏书家庄司浅水、柳田泉等人合作创办书物展望社，出版《书物展望》杂志和书物展望社文学丛书一百二十余种。其中有德富苏峰的《成篑堂闲记》《小林多喜二随笔集》、横光利一的《上海》、新村出的《典籍散语》，以及坪内逍遥、内田鲁庵、长塚节、北原白秋、柳田国男、土岐善磨、斋藤茂吉、木村毅、佐藤春夫等名作家的著作，不但开日本近代读书杂志和书话作品出版的先声，而且以装帧典雅大方、颇具日本传统艺术特色而享盛誉，被称之为日本近代出版史上的“书物展望时代”，也在日本近代文学史上留下了不可磨灭的一页。

斋藤昌三晚年主持《书痴往来》杂志，并任茅崎市立图书馆名誉馆长。他著作等身，除了代表作《藏书票之话》和上文提到的《纸鱼供养》《书斋随步》等书外，还有书话集《书痴散步》《书国巡礼记》《书淫行状记》《银鱼部队》《纸鱼地狱》《书物志展望》《艺天杂志之话》《东亚软书考》和《现代日本文学大年表》《现代日本笔祸文献史》《好色家三十六人》等，殁后出版了五卷本《斋藤昌三著作集》。

讲谈社《日本近代文学大辞典》给他的头衔是“书物研究家”，确切地说，他是藏书家、版本学家、书话家、藏书票研究家、日本近代文学研究家和性学家。在这么多的领域里，斋藤昌三都有突出的成就。在二十世纪的日本文化史上，斋藤昌三可算是一个特殊的人物，十分难得。荷兰高罗佩如果结识他，很可能会写出《中国古代房内考》的姊妹篇《日本近世房内考》。

叶灵凤说得好，对书籍没有爱恋的人，是毋须所谓藏书票的。小小的藏书票所承载的文化信息却甚大，在我看来，是超过中国传统的藏书印的，至少各有所长。它不仅是书斋长物，亦是表扬爱书人个性、趣味和见解而守护着他的珍藏的小装饰，西方的神话、宗教、文字、典故、文学、美术、音乐、历史、地理、政治、军事、纹章、自然、生物、民俗、建筑、人体、性爱等，都在方寸之间，有生动、细腻、别致的表现。一部藏书票演变史，其实也是独特又形象的微型西方文化发展史，这也就是藏书票虽为“小众艺术”，却很值得欣赏、把玩和研究的原因。

日本明治维新以后，西方文化蜂拥而入，“纸上宝石”藏书票也随即而至，并很快与日本传统艺术如浮世绘版画等相融合，“开辟了一个纯然和西洋异趣的独特的东洋风格”。斋藤昌三这部《藏书票之话》就真实展示了这个藏书票东渐的过程，为东西方之间这个细小却很有意义的文化交流留下宝贵记录，更进而对中国的藏书票兴起和流布产生不容忽视的影响。因此，《藏书票之话》的价值已超出了藏书票研究本身，从文化研究的层面考察，它具有很高的文献史料价值也是不言而喻的，称之为东方藏书票“圣经”是名副其实。

初版或限定版的斋藤昌三书话著作早已成了日本爱书人竞相搜集的珍籍，《藏书票之话》无论初版还是再版本，都是可遇而不可求的，连日本许多著名大学的图书馆都未收藏。我1997年游学日本时，曾浏览了九十年代日本各大旧书店书目，只有1994年东京《庆文堂古书目录》第58号上出现过这部藏书票“圣经”初版本，不知被哪位幸运者购去。与此同时，对斋藤昌三和《藏书票之话》的研究也在不断深入。历史悠久的《学镫》《日本古书通信》和《日本藏书票》等杂志经常发表从不同角度探讨《藏书票之话》的文章，连为之作序的小岛乌水、斯塔尔博士和书中提到的日本早期藏书票爱好者的生平和收藏也成了研究对象。

在我们中国，鲁迅收藏的《藏书票之话》改版本现存北京鲁迅博物馆；叶灵凤的《藏书票之话》先归北京一位受人尊敬的爱书家所有，现已入藏上海新闻出版博物馆；而黄俊东的《藏书票之话》在借出之后失去，令其痛心不已。我也有幸在大阪天地书房购得一部书品完好的《藏书票之话》初版本（编号113）。进入二十一世纪以后，国内拥有这部东方藏书票“圣经”的朋友应该又有所增加。这当然是大好事。

然而，对广大藏书票爱好者而言，还是难以一睹此书真容。因此，当我得知魏大海先生翻译的《藏书票之话》即将出版，不禁欣喜万分。这部《藏书票之话》在问世92年之后，终于有了中译本，实在是中国爱书人和藏书票爱好者的一个福音，更可进一步为东方藏书票研究史作证，为中日文化交流史补缺。故我乐意为之写下这些话以为贺，并相信它一定会受到中国读者的喜爱。

陈子善

2021 年 4 月 11 日

（1998 年 11 月初稿名为《东方藏书票“圣经”》）

序

书籍可喻为一间居室，环衬便相当于四壁。若将环衬的设计喻之为壁纸的选用，那么藏书票便是粘贴于壁间的横幅。相似处在于，藏书票亦非外来附属而是书籍的同舟共生物。最大的差异仅在于，横幅上是书家的署名而藏书票上是书籍拥有者的姓名，要点在于常常是其姓名的缩略。横幅乃一居室之魂，藏书票从装饰的角度讲则是书籍的点睛。没有藏书票的书籍给人以寂然之感。若书籍中的藏书票堕入不良情趣，是令人痛惜的。人人希望拥有趣旨高远的藏书票。斋藤昌三氏的《藏书票之话》让我们受益匪浅。而且这是日本最早推出的藏书票单行本。

本书的出现，或将唤起读者对藏书票的一般兴趣，成为掏出更多藏书票制作者或收集者的一个契机。然而值得注意的是另外一个倾向：藏书票原本的目的是藏书上的贴品，最终却变成专以交换和收集为目的。就好比江户时代流行的神社、寺院参拜，参拜客要在神社或寺院的柱子上、墙上贴挂“千社札”[1]，而随着献札会的盛行却演化为一种名片交换。安政时代流行的团扇“绘合”[2]，并不需要从扇骨上剥离绘画而是以特定的方式陈列。原因在于志趣不同不想重蹈覆辙，避免贴扇画制作者反感而拒绝展示。我想美国时下举办的藏书票交换会之类的活动，均已堕入了此等弊端。一本赞美美国木版画家兰克斯所制藏书票的书中，叙述者斯通写了一首讽刺诗。

附记于此，以作他山之石。

---

1. 参拜神社、寺院时贴挂于柱子、上墙上的长方形小牌，上面有自己的出生地、氏名、屋号等。——译注（全书均为译注）

2. 日本平安时代一种智力游戏，参加者左右分组，各自展示绘画或题有和歌的画卷一争优劣。

我的家里

满是藏书票

有的挂在墙上

有的堆在墙角

多的时候

不管是否赏心悦目

贴得墙上柱上

比比皆是

可唯有书里

一张也没有贴

小岛乌水

昭和二年（1927）十月

FREDERICK STARR
5727 THIRTY-FIFTH AVE. N. E.
SEATTLE, WASHINGTON

Introduction

A bookplate or ex-libris is intended to mark the ownership of a book. It is pasted on the inside of the cover. Bookplates have been used in Europe for more than three hundred years and the oldest are perhaps German. They usually bear the name of the owner and the Latin words ex libris, meaning "from the books". They usually have a pictorial design which may be heraldic (relating to the family of the owner), or symbolical of his interests or personality. Among famous artists who have designed bookplates are the German, Albrecht Dürer and the English wood-engraver Bewick. Of recent years many artists in Germany, Austria, France, England and the United States have devoted themselves to designing exlibris. In Japan the nature of the book prevented the use of ex-libris, as the covers have not been firm enough to receive the pasted bookplate. Bookseals have been common and served the same purpose. With the introduction of western binding in firm covers the use of bookplates has become possible in Japan. A few Japanese booklovers who have been educated abroad have adopted exlibris and use them in their foreign-style books. No one is better qualified to discuss the subject of indicating book-ownership in Japan than Mr. Masazo Saito. This he does in this new book.

Frederick Starr

斯塔尔博士序

○再版序

本书最初只限量印制了五百部，惠赠一部分后实际到一般读者手上者仅四百余部。有趣的是并未在新闻报刊做过广告，却时日不久便告售罄。念及未做广告却获得了宣传的效果和加印的要求，索性做了些许增补，加印了五百部普及版。

改订增补版中，日本独有的木版藏票选用藤浪吟庄翁刻制的版本，应当比前票更好。另外追加了两三种新的样式，比之前版趣味别具。

衷心感谢《东京日日新闻》的德富苏峰先生和《东京朝日新闻》的仲田胜之助先生等，在初版时对本书的诚挚批评与评介。

著者

昭和五年三月十九日（生日）

自序

《藏书票之话》这本书的出版反复被提及，却总是空喊口号未有进展，前前后后已有五个年头。当然原因也是多方面的，我也早有难以求全的思想准备。温故书店的坂本负责出版事宜，去年（1928）春天完成了大部分排版，只待印刷，最终却因市场关系再度搁置。惭愧的是，当时速递过来的德富苏峰的题字、小岛乌水及斯塔尔的序文都搁置了一年半有余。后来又出现了令人困扰的藏票原图遗失、印刷样本模糊之类的问题。煞费苦心的出版构想，包括许多迄今未能绍介到日本的珍贵文献。有幸的是去年年末梅原先生热心地表示关切。我看他对出版工作有热情且充满敬意，索性就将这个选题全部交给了他。

国外的出版行业也是如此。当然本书的受众只是少数笃志博学者，印数仅限五百部。其中十部是超级特制版，四百九十部为特制版，自然与市面上常见的出版物不可同日而语。费用也略高。即使这样，比之内容装订类同价格五十元七角的舶来书，价格并不算高昂。

只是相对于“舶来品”，本书追求的“国粹风”在制版上已有体现。图书的装帧具有浓厚感，更为日式，构图上简洁单纯，虽难免过渡期之不足，却努力参照了许多海外的代表作品或他本人收藏的著名作品。通过对照，若能对今后的制作有所助益，本书的目的便可算作达成了一半。

在此衷心感谢在本书刊行时寄稿序文的三位前辈。对提供资料的青山督太郎先生、小西石藏先生、丰仲锹之助先生、太田临一郎先生也表示由衷的感谢。另外也要对一直以来积极配合并馈赠藏票原件的内田鲁庵先生及大曲先生、柳屋先生、藤浪先生、荒木先生、鹿田先生、三井先生、三宅先生等，致以最诚挚的感谢。

然而其中二十余件木版作品，只是翻刻自日本藏票协会其他作品的部分代表作，不能将其视作日本藏票的代表作。我认定，那些隐藏的好图未来也会陆续得到发现使用。

最后对梅原北明先生自我牺牲般的出版热情表示衷心的感谢，并祝他身体健康。

著者

昭和四年五月

于茅崎少雨庄

附录

目录

第一章

○ 前言

各种趣味中，最为高尚者莫过于读书与爱书。实际上，人类至高无上的爱好就是“喜欢读书”与“爱好书籍”！

而藏书印与藏书票，正是爱好书籍带来满足和愉悦的体现。

藏书印发达于东洋，而藏书票诞生于欧洲。二者虽言趣味不同，目的却同一。论及藏书印，三村竹清氏早在明治末年就编纂了《藏书印谱》。而日本至今无人论及藏书票。不才学浅，借本书弥补缺憾。

从近年的统计数据看，我国出版物的数量暂且不论，单从种类上讲已远超德国列为世界第一。但其中大部分是西式装帧的书籍，传统的藏书印与之实不谐调。藏书票便理所当然地获得了发展。然而在全盘欧化的现今，几乎所有的书籍都是西式装帧。那么，为何藏书票没有获得相应的发展和流行呢？为何依旧使用传统形式的藏书印呢？

究其根源，或因藏书印使用简便，且经历了长久的传统调整与融合。那么与西洋书籍的调和果真是一个有趣的话题吗？笔者并不想贬抑传统藏书印，但实际上比比皆是的藏书印大半煞风景。更有甚者，许多已破坏了书籍原有的美观。这又为何呢？想来，可以归咎于雕刻的原因。一流印师、名家或爱好者制作的藏书印颇富雅致，这些印章自然为书籍增添光彩与价值。恰如贴切的落款提高作品的品位，通过藏书印亦可判断出藏书家的趣味与品格。但若街头随处可见印章铺刻制的藏书印，蘸上劣质的印泥胡乱加印书上，书籍的寿命自然也会缩短。因此不妨说，藏书印实乃雕刻家或书法家创造出来的一种趣味。

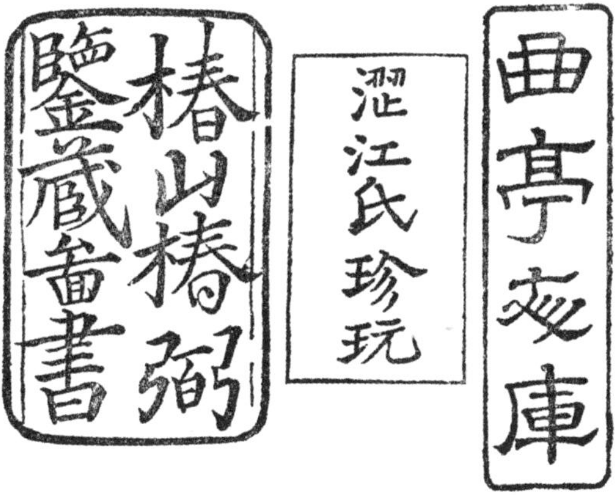

藏书印例：椿椿山（左） 涩江秋斋（中） 泷泽马琴（右）
（东洋尤其是日本十分著名的藏书印，出自《藏书印谱》）

藏书票当然也是如此，即使偏于恶俗也聊胜于无，但若图案设计巧妙，使用效果比藏书印更为有趣。本来在木版印刷技术方面，我国在全世界负有盛名。若以木版制作藏票，自然无可匹敌。但藏票制作不仅限于木版印刷，凸版、铜版、网版或石版印刷皆适用，根据原画选用不同的印刷方式，对照使用的书籍可谓趣味盎然。

这种藏书票十五世纪以来在欧美开始流行，而日本开港以来六十余年，至今未有普及迹象。想来也是一个“奇迹”。

○ 藏书票的主旨

所谓藏书票，乃示明书籍拥有者的一种标识，也是近期同好者之间的一种称呼。想必在一些日文辞书如《辞林》中还没有这个词语。

作为世界通用的名称，其普及源自拉丁语的“EX LIBRIS”，乃“予之藏书之一”或“某某文库”之意，亦谓藏书章，大凡单就藏票而言。

藏书票密切关联于书籍前面的环衬或卷头部分，核心在于体现书籍的所有者。有些藏书票标记部门或番号，结合藏书卡履行对照性任务。总之藏书票与传统的藏书印堪谓匹俦。不同之处仅在于，藏书印是以文字来体现的，藏书票却是一枚标示藏书者的纹章或图案，上面附加有书籍拥有者的姓名或简称。前者是蘸上印泥直接加盖在书册中，后者却是用糨糊贴附在书页中。相同的是，二者均选定书册卷头容易看到的处所，二者的任务都是为守护书册免于失窃。

○ 制作的种类

藏书印的区别在于大小、方圆等各不相同，全依据爱用者的趣味嗜好。同样，藏书票也是根据藏书者形形色色的喜好或方或圆或大或小。一般说来，方形的居多，大小是一二寸至三四寸。有的是正方形有的是横长形有的是竖长形，也有的像明信片那么大抑或更大，当然那属例外，在欧美也并不多见。

如前所述，在诸多制版方式如铜版、网版、凸版、木版、石版中，一些小范围罕见的珍贵绘画、图案或文字，颇具品位者是线条明了、色彩雅淡的作品，在老票友眼中具有百看不厌之魅力。因此在可能的情况下，竭力推荐的是钢版印制。但如今钢版的需求很少，好不容易雕刻出来也没有工人印刷，因而多数转向了石版印刷。

有趣的是，欧美的藏书票用于洋纸书籍，所谓洋纸票，从黏着力这一点上讲存有欠缺，而日本纸适用于日本的版画趣味，黏着力强且与书籍本身融合，不说优于至少不会逊色于欧美的作品。因此，藏票趣味与日本趣味关联密切，毫无疑问具有很大的发展潜力。纵观当今的读书界，当然也具有充分的利用价值。然而即便木版，也并非主张非和纸[1]不可。关键在于应和原本的绘画图案，充分发挥自我之喜好，利用凸版或其他工艺，努力采用富于永久性特征的图案，重要的是不要忘记在自己的图书上粘贴自己的藏票。

藏书票可以始终如一追求一个特定的样式，也可以根据自己的趣味，图案上分门别类，图样上增加变化。

1. 日本纸张。其特点是纤维长、质地薄而坚韧，使用寿命长，价格昂贵。

还有一种有趣的做法，年年变换图式以明确年度的差异。就是说，不同年份不同类别的图书一目了然。我等亦如是，文学类、文艺类、随笔类、民族志类、笔祸类、诗歌书、参考书、杂记类，等等，全部分门别类。实行这般分门别类的藏书者，在我等同好中仅有二三人。不久之前，著名的莫理循氏[1]藏书移至东洋文库，他每一张藏书票都特别大，比明信片还略大一点。画面是袋鼠、鸵鸟和其他的澳洲自然。毫无疑问，莫理循氏

1. 乔治·厄内斯特·莫理循（George Ernest Morrison，1862—1920），澳大利亚裔苏格兰人，旅行家、政治家、藏书家。曾任《泰晤士报》驻华首席记者（1897—1912）、中华民国总统政治顾问（1912—1920）。1917年，莫理循在华收藏的24000余册藏书被日本收购，成为今天东洋文库的前身。

是在赞美自己的故乡澳洲。

此外，在欧美若是单只记下姓名，任何人都不会感觉困难。作为一般的卖品，有的一组六枚，有的则是十二枚。出售时各不相同的图样就像明信片一样组合在一起，简单却又颇具郑重感。封面图案是小松鼠，看似杂记簿，下面余白处可填入藏书者的姓名。藏书票的普及若未达到这个程度，就无法称之为一般性趣味。近期日本似乎也出现一两种卖品，拥有了记名的功能。但仍处在一种实验的阶段或时代，一般的消费者似乎并无太大兴趣。而在美国，连小学生的笔记本封面都会有类似的图案。

○ 贴附的位置

如前所述，藏书印历来放在卷头首页、环衬处或卷末，捺印某某藏书。藏书票的选定贴附处所与藏书印的位置大致相同。此点上东洋、西洋是相通的。不同的只是藏书印适用于传统软质装帧书，而如今的出版物是西洋纸质本位且处心积虑地采用了硬壳封面，有时在封里特意捺按上雅印也并不鲜明显眼。相反藏书票贴附在些许凹凸的纸面上就没有大碍，藏书票可自由贴附在各类纸面也可以贴附在革装或布装的封里上。西洋文字和日文的相异是整页从左向右还是从右向左，卷头的位置是相似的。就是说，日文书籍一般是贴附在封面背后封里的右上角，有时也会贴附在中央。一段时间以来，文学书籍的环衬都是彩色的绘画装饰，贴藏书票有时会有损画面的氛围。那么此时，最好贴附在扉页的背面或标题页。

重要的是，开卷首先映入眼帘的便是说明藏书者趣

藏书票贴附一例

味性品位的藏书票，必然要考虑贴附位置与扉页画面的相互关系，绝不是可以随意为之的事情。就是说，必须采取一个谨慎的态度，因为读者在形成自己第一印象之前，对于持有者的印象已经包含有些许好恶。这与藏书印的位置无关，产生不快的原因在于随意无心地捺印。然而不论怎样，此时重要的效果仍旧是藏书票的设计。千篇一律的藏书印反而煞风景。藏书票也是一样，拙劣的设计最终只会让自己显现得索然无味。所以藏票的制作有巧拙之分。

此外在欧美，恰如本文第一页展示的藏书票，那是外国书籍已经形成的贴附方式，日本的书籍无论怎样洋化，也很少会在第一页上留下那么大块的余白。毕竟作为日文书籍，最重要的位置是封里的右上角或中央。其他的位置会有装帧时采用的图案，随机应变无妨。

○ 制作的准备

论及藏书票的图案，首要的信念就是藏书，其次是展现所有者的研究科目或类别。前者涉及读书，表现眼睛、光线或夜晚的图案经常选用的是灯火或木兔猫；后者或为医家，选用骷髅的图案，或为科学家，选用罗盘之类的图案。

如若前述图案是成立的，图案的部分位置是赠书者的姓名、所有者的姓名或缩略语，或为文库名称之配置。当然与之相对的是精选词语，一般前后记入藏书名或所有者名。如果左边没有图案，那么贴附书中的藏书票多少有点儿图案最好。若无，那样的藏书票就会产生某种错觉，感觉像是广告、贴片或火柴盒之类。为了避免那种错觉，必须选用高档的有品位的专用图案，还需要有相关文句示明所有者和馈赠者。

作为参考，请确认如下藏书票的相关文字。

某某藏书
某某珍藏
某某藏书票
某某文库
某某珍玩
某某图书
某某爱玩
某某珍藏章
某某章
某某赏鉴
某某藏本
Book Plate……
EX LIBRIS……

某某所藏
某某家藏
某某馈赠
某某藏
某某所有
某某珍宝
某某藏章
某某藏票
原某某书藏
我主某某
某某独乐
……Her Book
……His Book

此外，作为特殊的例证，图案的左右常常添加两行文字——“门外不出藏书也”云云或“某某庵无宝、只爱惜此书”之类。过去的图书，封里处还常有如下文句：“不得转借”“无论借到哪里皆须物归原主”。相信那些语句转换成现代化短语用于部分藏票中，便会使相当的日本趣味得以传播。据说前几年有人制作藏书票，在留下EX LIBRIS字样时，相关的外国人看见后提醒道，不管是不是世界通用语，在别具日本趣味的图案中写下某些精选的词语给人以不协调之感，最好配以日本文字。

恩地孝四郎氏的记述中可以看到如下记述：

此书

在我书架中

谁都不要偷
我的眼睛
不会夺去
汝之和平

关于印文，在去年出版的《春城随笔》藏书印小话中，有如下一段描述：“藏书印并非单纯刻制氏名。有时也刻制‘子孙宝之’或‘子孙永葆’之类，许多此类藏书印意味着子子孙孙须永远珍藏这部书。”相反亦有这样的说法：“展望未来，不少人会刻制印文。简单说来，松崎慊堂的藏书印乃‘曾在松崎市’，于是柴野栗山的藏书印便被刻成了‘曾在柴碧海所’。又如小说家山东京山刻印时虽有姓名，其藏书印却刻成了‘不期身后京山藏’。这或许也是同样的意思即自己的身后不知如何结局。大概磐溪相同的语义有点复杂，谓之为‘得其人传、不必子孙’。有的文句则很长，如‘孔石山房主人秋田氏图书记、集散任天、然永为四海宝’。语句形形色色，然而开句即为讽喻这一点上是共同的。不才东施效颦，希望子孙保存藏书却用了相反意味的藏书印‘子孙换酒亦可’。”有趣的是，藏书票也有相同的倾向，殚精竭虑捻出欧美也不曾见过的新警句。总之文字跟图案亦有关联，无法一概而论。弄得不好不伦不类，就像身穿和服外褂却戴了一顶丝绸帽子。充分的消化吸收，乃是创立新构想的条件。虽然只是半途而废，但在藏票会亦即藏票同好会最初的小册子里，已故山中共谷翁曾说过如下一段话。抄录于此作为今后制作上的参考：

事物之和谐至关重要，一要愉快，二要美感。凫胫短，鹤胫长。春暖花开，金秋红叶。保持着天然和谐故生美感。人为亦然。若西洋式家屋配上南画挂轴，或和式居室安装着西洋式暖炉，必然会打破了那种和谐。洋馆自然是油画，和室只能用火钵。

西洋有藏书票，东洋是藏书印。东西两方的用途同一。和汉书籍中粘贴藏书票，宛若和式房屋内安装暖炉；而在西洋书籍上按捺藏书印，就如同西洋家屋内的南画挂轴。印与洋书相克，票则与和纸不适。而东西方爱书的思想并无二致。藏书票最早可溯源自十五世纪，藏书印最早见之于更早时期的金泽文库[1]。东西的藏书

---

1. 十三世纪，日本镰仓幕府时期的政治家北条实时在金泽（今横滨市）创建的武士文库，是中世纪日本著名的私人图书馆。

家各自留下符号，将家书的证据留在书籍中绵延至今。大凡古今通用，世界传播有其必然性。藏书票、藏书印亦为一例。其用相同而其物相异。原因在于东西方的书籍用纸制本的相异。如今书架上，摆放着邦人洋制书册。遗憾的是藏书票的使用者仍旧少之又少。

第二章

○藏书票的起源

○日本藏书票史

○装帧与藏书票

○ 藏书票的起源

藏书票的原语，如前章第二节所述即EX LIBRIS之“私人藏书之一”之意，乃世界共通的拉丁语。如今翻开一两部英和字典，便有其解说：“书札、藏书票（记录藏主的姓名和纹章等）、贴附于封里的卡片。”然而在日语字典里，如前所述尚没有登录此词。

在十五世纪前后，最初在木版上发行的是意大利的埃哈德·拉多尔特（Erhard Ratdolt）。那或许是历史上公认的最早记录。这个时代的藏书票边缘上大多有图案，装饰有书籍所有者的纹章或徽章。而贴附方式与今日相同，大抵贴附于书籍的封里或正文的第一页。

根据书籍的种别差异贴附不同的标识，此般流行的嚆矢是德国，同样是始自十五世纪的末期。

据悉，流传至今的最古老时代的藏书票（见下页图），发现于1480年前后德国人希尔布兰德·勃兰登堡

希尔布兰德·勃兰登堡／作
1470—1480
(此图为编者所加)

（Hildebrand Brandenburg）赠与Bwxhcim和Carthusian修道院的书籍中。到十六世纪初，德国几个名人如阿尔布雷特·丢勒（Alberecht Durer）、卢卡斯·克拉纳赫（Lucas Cranach）、汉斯·荷尔拜因（Hans Holbein）等，创作出流传至今的诸多设计方案。

1529年，除法国的托·布兰契（Tour Blanche）沿用了前述设计外，法国还不断创发了多种流行。其次是英国，赠与者是有纹章的，现在留存下来最早的是1574年尼古拉斯·培根（Nicholas Bacon）给剑桥大学赠书中贴附的、木版印刷的藏书票。

此外仍旧是藏书家姓名的明记，最著名的据说是1585年6月29日托马斯·特雷舍姆（Thomas Tresham）的藏书票。

以上乃文献的梳理，之后渐次流行，十七世纪后半叶的一个时期，说不上什么原因，藏书票上标记EX LIBRIS（私人藏书）的做法一度衰微。相反，在书籍的革装封面按捺东洋式变形藏书章——藏书家的纹章一度流行，却最终没有成为时至今日的流行。当时的日本已入德川幕府泰平时期，长崎开始与荷兰人有了商务交易，或许正是在这个时期，日本或中国的东洋式藏书印传到了西欧。因此一度对当地的藏票界形成了冲击或侵蚀。诸如此类，不难想象。

然十七世纪末十八世纪初，藏书票再度复活且气势凶猛。1698年以后凡十二年间，英国印制出数丈长短的巨型藏书票。那个时代的藏书票，主要记入的是当时的年历，尤其推崇的是样式雅淡的类型。

后至十九世纪，各国发生这样那样的变迁，有流行有盛衰，乃由十九世纪初开始益趋兴旺，另一方面相关集会的规模趋于盛大，收集他人作品也成为一种时尚，最终成立了专门的票友会。1891年是英国和德国，1894年是法国，1896年是美国，1903年是澳大利亚，总之各国都以强劲的势头设立了类似的票友会。时至今日，伦敦、巴黎、柏林及其他主要城市，仍堂皇存有几个贵重的机关杂志，当然是作为年报限定出版。

著名藏书票作家主要有前述丢勒和克兰克·荷尔拜因；近世则有M. 克莱因·戈尔（M. Klein Gel）、因·奥里克（In Oric）和伊·伏尔吉亚（Etch Fuggeria）等。

○ 日本藏书票史

日本人万事求新。然而十分奇怪的事实是，如此新颖、高雅的藏票趣味，在日本的绍介和传播却相当迟缓。当然原本便属个人赏玩趣味，一部分人只是私下里制作使用。但在不才所知的范围里，过去在芝增上寺相关的佛书中曾有相对实用的藏书票，收集时发现那种贴票乃是纯日本式的创造。拥有那种贴票的两三部佛书刊行于宝历年间。不难想象，在此之前或已用之有之。宝历乃十八世纪中叶，与其说欧洲的藏书票趣味也在复活，不如说十八世纪是真正的流行时代，其发达消弭了彼我之悬隔。

近来屡有发现，明治初年以后同样有纯日本式的藏书票贴附于书籍的封皮。如下图圈中的“伏”字。这种图式完全没有西欧的影响，而是彻头彻尾的日本藏书票。这个事实与某西洋人的断言全然相悖。他断言日本从未有过藏书票趣味。

具体时间是明治五年。而欧美型式藏书票与前述圈内“伏”字藏书票的出现近乎同时。现在上野图书馆的前身是东京书籍馆，其藏书中贴附的就是日本式的藏书票，大多是明治五年至明治十年前后的贴票，纵三寸五分、横二寸四分的铜版印刷（参照下页插图）。藏票中似有具体位置的番号。图案具有明治初期的时代特征。尤其是如下英文警句十分有趣——THE PEN MIGHTIER THAN THE SWORD（笔比剑更有力）。东京府书籍馆的藏书票也是铜版，大小、型式也基本相同，想必是同时代的制作。总之这些藏票都是我国纯日本式或欧美式藏书票的嚆矢。

而后大约过去三十年，明治三十三年的诗歌杂志《明星》（第一期）上，介绍了当时访日的奥国藏书票

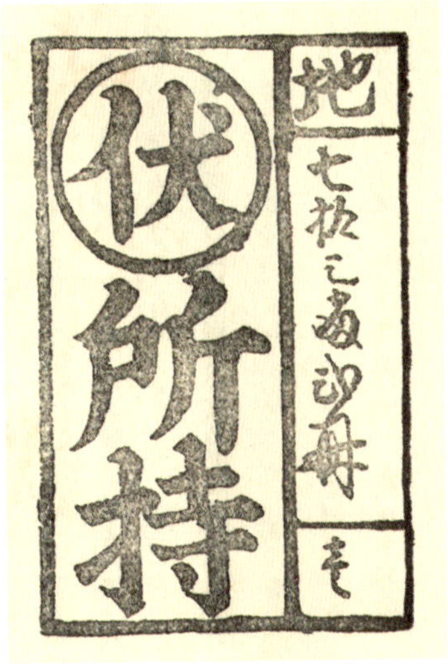

日本明治初年用过的纯日本式的藏书票

画家埃米尔·奥利克，详细说明了藏书票的目的及使用方法。这是最早的藏书票宣传或介绍。然而即便是《明星》的介绍，也没有引起世人的太大注意，打那以后几乎再没有任何的作品介绍藏书票。不过大正时期（1912—1926）以后，陆续有些零散的介绍见之于新闻杂志，且出现了个人制作的藏书票。说到底只是零零散散的制作，与西欧的藏书票收藏界不可同日而语。

下面是面向今后研究家的一些资料性文献。主要是藏票研究乃至藏票的相关记事。

题名	介绍／所载杂志／发表年月
私人藏书	报道／旧《明星》／明治三十三年十月
×私人藏书	朱叶子／旧《日本》新闻／三十六年？
西洋藏书印	市岛春城／《趣味》／四十年二月一日

俄国藏书印　　插图／《俄国文学》／四十四年四月一日

不入流的作品　　报道／《白桦》2-12／四十四年十二月一日

不堪回首的图书趣味　　市岛春城／《国民新闻》／四十五年一月×日

藏书标　　N.K／《读书之友》／大正二年七月一日

桌上离话　　官下二黑／《现代之图案》1-5／三年六月一日

华盛顿藏书章　　插图／《典籍》1／四年五月一日

作为学校问题的藏书印　　伯恩斯／《图画研究》／四年七月一日

书物的沿革（其三十）　　大村／《国民新闻》／五年五月三十一日

藏票募集趣意　　香取荣吉／小册子／五年十二月

藏票介绍　　报道／《学灯》／未详

海报贴图　　柳川春叶／《窗口时间》／六年六月一日

私人藏书票　　织田一磨／《水绘》166／九年八月三日

日本的藏书票　　斯塔尔／《日本》／十二年一月

获得谅解的藏票　　斋藤昌三／作品年报（一号）／十二年四月

我国藏票史　　丰仲未鸣／作品年报（一号）／十二年四月

趣味藏票　　斋藤昌三／《朝日图标》／十二年六月

藏票之话　　斋藤昌三／《中央美术》／十二年八月

藏书票　　放江老人／《福岛民友新闻》／十二年十一月

藏票趣味　　长尾桃郎／《大阪都新闻》／十三年一月

开馆前夕的东洋文库　　报道／《都新闻》／十三年五月连载

藏票与日本画家　　斋藤昌三／《尚美》／十三年十月二十五日

旅行家的藏书票　　斋藤昌三／《旅行》／十三年十二月一日

藏书票之话　斋藤昌三／《周日每日》4-4／十四年一月十八日

最近的藏书票　斋藤昌三／《朝日画报》4-7／十四年二月十一日

自刻木版票　藤森静雄／《画室工房》2-2／十四年三月一日

藏书票趣味　报道／《读卖新闻》／十四年五月十九日

妇人的版画创作　广川松五郎／《图案与艺术》／十四年七月一日

私人藏书　恩地孝／《诗与版画》12／十四年七月五日

藏票卷　斋藤·丰仲／《柳屋》29／十五年三月二十日

医家藏书票集　安克·安德烈／杂志名未详／未详

EX LIBRIS　西村贵一／《书物礼赞》／昭和二年一月十五日

珍爱藏书票　坂本笃／《东京堂月报》14-7／二年四月一日

私人藏书　报道／《读卖新闻》／二年六月二十日

藏书票之话　报道／《东京日日新闻》／二年六月二十日

续藏书票之话　　报道／《东京日日新闻》／二年七月四日

珍奇的日本藏票　　少雨庄／《爱书趣味》12／二年九月二十日

新藏书票　　报道／《读卖新闻》／二年九月二十六日

日本特有藏书票　　少雨庄／《爱书趣味》14／三年二月二十日

第五次作品发表　　斋藤昌三／作品年表（第5号）／三年三月十五日

藏票作品集发表　　丰仲未鸣／作品年表（第5号）／三年三月十五日

私人藏书　　报道／《读卖新闻》／三年五月二十七日

新的藏书票　　斋藤昌三／《读卖新闻》／三年六月二十三日

趣味藏书票　　报道／《读卖新闻》／三年八月四日

日本古藏票　　少雨庄／《爱书趣味》18／三年十月十日

藏书票　　　　　　内田鲁庵／《中央公论》／三年十一月一日

藏票与印谱　　　　志贺直哉／《爱书趣味》19／三年十一月三日

（昭和四年以后略）

以上列表所示，大正时期以前尚未发现“藏书票”这样一个熟语。在此之前，日本有“藏书章”之谓，或称作“西洋的藏书印”。只是在内田鲁庵翁《昨日今朝》中写道“《杏落之音》的主人公”，文中有如下一段描写，“喜欢皮埃罗的藏书票谱装帧云云”。大正五年作品出版的当时，内田鲁庵无意中目及，“藏书票”一语想必最先出现于此。不久之后同年末至今，便常常在藏票同好会的集会上，聆听香取绿波老的宣传。然而作为样板的同好会却无疾而终。大正十一年，我等同人重新设立了日本藏票会，付出了巨大的牺牲才延续至今，年年发行相关年报。

那么，最具体的藏书票介绍出现于何时？具体的介绍者又是何人呢？想必市岛翁的《西洋藏书票》最得要领。且看抄录于此的《明星》及《趣味》中的章节。

西欧的藏书爱好者喜欢在自家著书或藏书扉页贴附书票，相当于所谓“藏书章”。这里罗列的四枚藏书票，出自在西欧颇负盛名的藏书票设计家——奥国画家埃米尔·奥利克氏手笔。奥利克氏正在东洋漫游，现在东京，此四枚正是本人之寄赠。据说我国的艺术家中已有诸君提出需求用于自家藏书。此种好事再过数年，想必会在我国流行。

（明治三十三年十月）

摘自《明星》中《私人藏书》一文

不才乃书呆子别无所好，因而在藏书印上也耗费了不少心力。藏书的喜好并不仅仅限定于日本和中国，西洋亦广泛拥有相同喜好。日本称作藏书印，一般是刻版制印。西洋加上了种种不同的构想，印刷制成藏书票贴附于藏书的反面。

藏书票的设计近乎完美，种种艺术性文字组合在一起，有些文字像似迷踪难于辨认，购书的年份也一目了然。为了避免藏书的遗失，还会附记古人的诗词。大小相当于一张或半张明信片，也有一些大到离谱。有些藏票色彩绚丽美不胜收，连彩色锦绘的极品都爱莫能及。西欧的“私人藏书”，有拉丁语和英语的不同称谓，相当于日本的“藏书印”。其制作可谓苦心孤诣，其收集亦可谓用心良苦。其热心的程度不亚于日本的明信片收集或火柴盒收集。

收集藏书票就要遍览旧书。日本进口旧书却十分有限，只好盯紧即将归国的洋人不用的书籍。不才倒是见过一枚两枚，只是粗陋不堪并非上佳藏票。西洋的情况如前所述，发行有相关的藏票杂志，发表在上面的藏票精美细巧令人眼花缭乱。

日本也有收集藏书印的爱书者，在日本首先推崇的是白石和道春等。西洋亦如是，名家名票自然受追捧，有的甚至达到几百镑一枚。不晓得莎翁和弥尔顿有没有藏书票，也不知道丁尼生和华兹华斯有无这种喜好，还有一些政治家或富豪的藏票，其实在市场上都是惊人的天价。那种市场的竞争简直到了疯狂的地步。

不妨说这也是一种情趣。收集藏书票首先要买书。相应地，贴有珍贵藏书票的书籍价格惊人。藏书票的价格却跟以前别无二致。因此这样一种爱好，实在是奢侈到了极致。

在日本，藏票收集最多的是森村银行董事长诸葛小弥太君。据说小弥太与坪内正五郎君等一起去了西洋，滞留期间一有闲暇就去收集旧书、找寻藏书票。不晓得他如今还有没有这等嗜好。总之在西洋藏书票方面，他是我国唯一的通人。

（明治四十五年二月）

摘自《趣味》中《西洋的藏书印》一文

下面介绍一段刊于《读书之友》的较长的文字。前面也曾略有述及，因涉及下面希望说明的问题，故以贵重文献的形式罗列于此。

在我国，显示所有权是捺印，硬物则是烙印。若是书籍，一般就有某某藏书之印。印上只是姓名。然而随着时代的变迁，一些年轻人开始使用藏书票。就是说，他们采用了欧美各国使用的藏书票。倘若与我国的藏书印进行比较研究，想必会有十分有趣的结果。遗憾的是此般研究尚未起步。关于私人藏书票的研究局限于当地。最近的情况不甚了解，这里仅介绍时至近代的相关情况。

十五世纪是书籍印刷、出版的盛期，开始有了图书馆和私人的文库，因而产生了标记书籍所有者的符号。最为简便的符号就是在书籍开篇的白页、扉页或封里，写上藏书者或所有者的姓名。这是一般采用的方法但亦有例外。这里想略加说明的正是那些例外。那些例外常常给人带来意外的艺术情调。富于艺术情调的人往往无法满足单纯的方法。他们喜欢在书籍中标记自己特有的符号或家徽符号，亦即在文库本中统统加上同样设计的精致的自我符号。选用于此的图案设计，或为盾牌或为波纹或为文字组合或为三者合一，然后将此般设计刻为雕版，印刷在小纸片上贴附于书籍的封里。时至今日仍在使用的，就是这种“藏书标”。

这种藏书标在英吉利称作“书票”，这种书票也被用作了部分书物的插图。英国的称谓不够雅致。法国称作“私人藏书”，相对于“图书馆编目内图书”的意义，法国的称谓更好。但上述二者皆未真正体现藏书标的意义，即并非所有者符号的意义传达。

纹章藏书标的流行，原本无须过多关注。当然存在所谓的历史性趣旨。就是说，一旦那种藏书标带有了贵族或家徽式的纹章，就必然具有了历史性趣旨，雕模也会变得精美绝伦。但更加有趣的是模子鲜明的创意或巧妙的设计。例如法国文豪龚古尔兄弟的藏书标精致无比，乃小巧的法兰西式铜版蜡印。书标的创意乃是“两根手指”。图案的设计者名叫加布鲁尼。一只手雕刻成字母J和E，两根手指刻印在一张纸片上。手掌里握着雕刻用的工具。那不是拳击家的手，毋宁说是小巧强韧的手的研究——纤细的手指表现了高雅的心情。原版乃其中的一个兄弟监制的铜版印刷。

维克多·雨果的藏书标是巴黎圣母院铜版图式，背景给人朦胧感觉，前景是白色的组合文字，斜上方是一道闪电。铜版是阿古洛·伯恩布纽氏设计刻制的。著书《法兰西私人藏书》的著者，或许有一间著名的奥古斯托画室。

“巴黎圣母院的尖塔啊，他的名字是H。”

这是一个名句。鸟渡大H，就像圣母院的高门。然而这样的句子并无多少诗意。

毫无疑问，英国也有形形色色的藏书标。而收集有趣精美的藏票，不仅体现出艺术性的审美，也促进了收集家对于历史与纹章的研究。

此般研究之于收集未必是必须。即便热衷于那般研究，也与书籍的体裁无关。那样的困难并不会时有发生。现时的藏书标在尚未使用之际，可以从所有者那里获取，而更早些时候的旧票可以在书店或旧书店购买。“那里就像一块船板，可由旧书那样的遇难船上抢救出种种宝物。”

因1874年发行于巴黎的阿·普勒·马拉西斯的《法兰西藏书标——太初至今》一书，法国的藏书标引起了公众的注意。此书已是一版再版，简短说明了十六世纪以后法兰西的藏书标。书中还有几枚藏书标的摹写。

英国最精美的现代藏书标，或如伊顿的藏书标，最初是贴附于印刷品的首页。一般形似奇丽的版屋[1]样式。在托马斯·弗洛格·戴夫等人的文章中，有关于前述印刷屋样式的描述。

十八世纪是藏书标的时代。这个时代使收集家有了很大的收获。略有轻浮之感的“普勒·马拉西斯”曾说——十八世纪的作品富于变化，奇异、智慧、充满天才般的构想。他不无夸张地说到在流行之前，收集家怎样争先恐后地四处寻觅，终于在旧书店找到自己想要的作品。无害的研究！幸福的追求！而今已是永久的过去。

---

1. 以雕刻版模为职业的人或相关店屋。

著者在《吾人的时代》中接着说道，“藏书标的价值如所周知”。他还说到如何从书店的旧书上撕下藏标，又是如何将之变为卖品。价格日日飙升。“谁说将来我们的女儿不是手持藏书标又接受定金。好女儿必然找到好女婿。”又有“集腋成裘”之说。

英国的藏书标一般是纹章形式。王室的藏票更是如此。不过也有一些上佳藏票并非纹章图式。例如威廉王子或路易家族的藏票，就是钻石的图式，在红底色白涡形的藏票上刻有“爱丽丝”字样。上部是王冠，下部和周围是野蔷薇和酢浆草。藏书标主要是红色的，搭配异常醒目。温莎皇家图书馆的藏书标如前所述。异常精妙的构思。周边呈四角形。白金汉宫也有十分精美的藏书标。但威尔斯公爵的藏书标则平凡无华。贝多沃德的第七代侯爵弗朗西斯，亦有特别精美巧致的藏书标。其图纹是一头山羊，周边是吊带，最外层则是圣乔治之环。巧妙的设计给人以异常的均衡之感。此类藏书标可谓精品中的精品。还有一种教堂牧师所用藏书标，一般是戴着法冠的一种武器。

学校也有纹式藏书标。如牛津大学、剑桥大学的藏书标就十分有名。其中多数是很久以前雕制且仅有极少数附有日期。有些并无精美之感——或者是简陋的方框，或者是给人压抑感的遮阴，或者是作为纹式暗黑时代符号的花环。牛津大学女王学院的藏书标，方框周边是吊带，框下还写有题句。诺顿的藏书标，无论设计还是制作都无可挑剔。

这里自然也有协会书标。但堪称完美、有趣的书标绝无仅有。毋宁说，奇妙的是调色板协会的旧藏书标。旧皇家协会的藏书标亦不敢恭维。

自然为我们提供了贴切的艺术性构想。乔治·谷劳特氏的藏书标设计，是椭圆之内加方框加纹章，下部的带子和梭榈枝上写着姓名。本森男爵的藏书标，也是柔顺的椭圆形设计，中心也有一个方框。下面写着“克里斯托尼·卡劳利·本森”字样。

（大正二年七月号）

近来开始流行雅美的圆印藏书标。周边为了迎合前述设计，略呈不规则的破损状。此等藏书标若雕琢精巧，就是非常高级的制品。所有者的姓名融为一体居于中心，周围是印纹或纹印。更值得一看的是一张类似的藏标，即精细雕琢的石模扣印藏书标。两三件上佳的同类藏标，乃是奥·朱耶特的制品。藏标的印色可谓大同小异。底色纹路背景，雕刻的五叶装饰上，浮雕般地显现出方框图样和题句。珍妮·布朗希氏的藏书标看似一个普通的藏书标，却是一个好印。那是一个狮子意象的、优美且充满活力的藏书标，内有一个红十字以及方框。所有者的名字和题目乃藏书印的生命。所谓藏书印，是在扭曲的前端以绢网示之。原版是夏尔博尔纳刻制。前述纹章式藏书标，也非常有趣。

在英国，许多藏书标一目了然地把所有者的印放在需要的地方。这无可非议。相比之下，有些则表明了更加明确的意向。例如本森的藏书标，“私人藏书”的字样有时就放在名字的前面。而且有一些藏书爱好者，特别担心书籍借出之后遗失。伽尔克持有一张很不好看的藏书标，图案中有草丛、假面和乐器，上面还有莎翁的胸像。在这样的构图下，用法语雕刻有如下词语：“借人一册图书阅读，首先要考虑的是尽可能早点奉还。”

有一张法国的藏书标是雨果的藏书标，亦如是，上面的题句如出一辙：“此书看完请奉还。”

此外还有一些爱书家，将图书出借的条件便是十四日内务必奉还。或者要让所有的人知晓而无法辩解，相关规则明列在下方。更有甚之，有的爱书者干脆藏书不外借。理由如下面的对句所示：

动辄纷失破损
但凡借书悲哀

绘画式样的藏书标常常画的是书，也有形形色色用书籍搭建的凯旋门式样。大多类似孩子搭建的砖瓦居屋。类似设计尤具意趣的是弗朗西斯·尼古拉斯藏书标。其设计的上部是盾牌式方框，给人以清淡素雅之感。画框似真正的古时盾牌。镶金的旧书和原稿放在棚架上，第二层下雕有书籍所有者的名字“爱丽丝”。这是一个感觉不错的艺术性的藏书标。

十八世纪，布谢式设计的藏书标形形色色，其中之一便是埃诺总统的藏票。那是布谢式藏票的极品。才艺女神密涅瓦以喜欢的姿势落座于翻卷的云层之上。但这里手持的盾牌并非女神之物而是总统之物。此等艺术家更具鲜明特征的范例是，沉重的现代式盾牌是由背插蝶翅的美丽的丘比特带来。两个孩童面容娇美。法国的藏书标上有漫画和潇洒字体的“箴言”。但肖像雕刻的藏书标凤毛麟角。《法国私人藏书》的著者称，此等藏标仅有两件。其中一件乃亚伯·戴斯冯泰所有，他所喜欢的藏书标是在树丛背景下凸显自己的肖像。印象派画家马奈的藏书标也是雕刻肖像的样式。其设计出自布拉克蒙。图案由马奈的头部轮廓构成，肩上是仿猫耳形设计，台后是向上的美丽茅草。此藏书标的题句是“马奈和仿品”。痴迷的爱书家、图书馆馆员马格里贝奇的藏书标——榭枝围成的奖牌上是其人的半面像。其中有两三部有趣的藏书，记有如下字样——安东尼乌斯·马克里贝奇·佛罗伦萨。

法国革命期间，具有家学传统的爱书家使用的藏书标发生了奇妙的变化——以自由的帽子取代了王冠。1791年简·比·米约和邦蒂茨·萨利恩斯·卢卡奇二人的藏书标——方框的上部戴着费利西亚帽。藏标上以平凡的组合文字写着如下题句：“不自由毋宁死。”

英国的藏书标一般体现出藏书者特有的兴趣。例如在江河景色背景下，一群人手持渔网和钓竿等。安娜·达玛的藏书标是非常美妙的绘画，一个姑娘十分快乐地微笑，典雅的服饰，在一个纪念碑或祭坛的旁边跪下单膝。藏书标上写着“安娜·达玛”字样。再上面是捧着盾牌藏书标的两只爱犬，渐行渐远于树木和背景的景色。最可怜最单纯的是简·马莱氏的藏书标——鸢色的轮廓，跪姿的天使，藏书者的名字是金色的。天使旁边有拉斐尔的《麦当娜》，貌似一个孩童。

绘画藏书标渐渐流行起来。更多书上仍贴着令人感觉舒适的蚀刻。这种状况还将持续多久呢？引发艺术性趣味的东西并非没有价值。在自己心爱的藏书上，贴上匠心独运的藏书标，对所有者乃是求之不得的好事。

（大正二年八月号）

《读书之友》中《藏书标》一文

以上揭示的是藏票的主要文献报道。大曲驹村氏专门就如下报道进行了报告。下面简要列举以供诸位同好参考。

日本藏票会年报第二年（大正十二年），丰仲氏推出了《漾虚集》。同年不知何故略去了夏目漱石《我是猫》三卷。此三卷的卷头贴的并不是“私人藏书”，但设计者原本却是同样的匠心。图案设计者是桥口五叶氏。

其次作为《日本》新闻的私人藏书记事，朱叶子的摹写图和解说大要如下六种：

（一）作为英国绘画界翘楚的弗雷德里克·洛德·列顿氏自作；

（二）（六）柏林教授奥托·埃克曼氏自作；

（三）德国巴尔基德森氏自作；

（四）同前。美术杂志所载；

（五）同前。耶夫·尼希氏自作。

是为序，需要说明的是同年刊于《二六新报》的报道《书肆及出版公司印章》乃出自长原止水氏的相关介绍。不妨说，此图案与藏票最为接近，共有十九个种类，皆创意卓绝的名作。

此外旧白马会的海报（其中之一是藤岛武二氏设计，其他皆为长原止水氏设计），与其说是海报，毋宁说是藏票图案。不用说其灵感也是来自泰西的藏票。尤其藤岛氏，他曾参加了法国南部尼斯市举办的相关的颁奖仪式。

○ 装帧与藏书票

作为文献的藏书票记事大致如前所述。当然还有许多涉及装帧和剪辑利用的作品。私人藏书的目的，事实上只是表明“予之藏书之一”。那么将之印刷至自己的著书上，则多少有点儿变态白痴的感觉。总之装帧上的图案需要贴切而有情趣。所以当今吾国之文学书，最多采用的就是诗书。其实我也不明白，欧美在装帧等方面是否有着共通的喜好。不过“自家著书或藏书”的意思总是存在的，不能断定的只是强烈的变数和容忍度。下面罗列的是著书的装帧、扉页等的图案乃至剪辑时的应用物。若能用心参考，想必会在制作上成为参照。

书名	藏票作者／出版年度
漾虚集（夏目漱石）	桥口五叶作／明治三十九年
花笼（田山花袋）	服部愿夫作／明治四十年

杂志《芦火》第一号（大阪）	水田舍文库／明治四十一年
邪宗门（北原白秋）	石井柏亭作／明治四十二年
日本阿尔卑斯第四卷（小岛乌水）	织田一磨作／明治四十三年
寂然曙光（三木露风）	川路柳虹作／明治四十三年
路旁小花（川路柳虹）	自作／明治四十三年
流浪（尾山笃二郎）	川路柳虹作／大正二年
成长记（休尔根）	矢代幸雄作／大正三年
远方的天空（川路柳虹）	自作／大正三年
碧玉（田中美风）	河合卯之助作／大正四年
死而复生（杂志月映）	恩地孝四郎作／大正四年
杂志《射手》（东京）	封面、封里／大正四年
小夜曲（竹久梦二）	自作／大正四年
三弦草（竹久梦二）	自作／大正五年
转身颂（日夏耿之芥）	长谷川洁作／大正六年

杂志《诗与版画》（东京）	织田一麿作／大正十二年
表现派图案集内藏书札三种（京都）	佚名／大正十二年
近代文艺笔祸史（斋藤昌三）	涉谷修作／大正十三年
染亭杂记（明石染人）	白濑秀夫作／大正十三年
海外文学新选（新潮社）	有岛生马作／大正十三年
良书目录	大阪图书馆联盟／大正十三年
烟草礼赞（蔷薇闲）	大正十四年
杂志《爱书趣味》封面（茅茅崎）	诸家／大正十四年
杂志《书物礼赞》封面（京都）	大正十四年
水蛭（内藤千代）	广川松五郎作／大正十四年
杂志《褴褛》（北海道）	伊藤义辉作／大正十四年
杂志《同心草》（大阪）	高羽贞敏作／大正十四年
杂志《景物诗》（大阪）	高山文雄作／大正十五年
彷徨的希腊诸神（田中清一）	广川松五郎作／大正十五年

杂志《旧书屋》	荒木翻刻／昭和二年
一安短诗集	加山三郎作／昭和三年

此外尚有一些与装帧无关，即明治三十八年前后由丸善洋品部推出的团扇。当时许多人还不知道藏书票为何物。单单是追求时髦没有什么效果。最早的提案或许出自鲁庵翁，即设计图案要将外国趣味和日本趣味混合到一起。如结城素明画伯的淡彩画，就表现了十三种图案。日本藏票会还曾利用旧版木，于大正十一年八月发布了亦是团扇画面的藏票。下面展示的就是曾有装帧工序的七八种代表性藏票。

桥口五叶／作

夏目漱石／藏票

《漾虚集》／载

服部愿夫／作

田山花袋／藏票

《花笼》／载

石井柏亭／作
北原白秋／藏票
《邪宗门》／载

织田一麿／作

小岛乌水／藏票

《日本阿尔卑斯》／载

川路柳虹／作
尾山笃二郎／藏票
《流浪》1913年／载

矢代幸雄／作
休尔根／藏票
《成长记》／载

川路柳虹／作
川路柳虹／藏票
《远方的天空》／载

河合卯之助／作
田中美风／藏票
《碧玉》／载

竹久梦二／作
竹久梦二／藏票
《小夜曲》／载

长谷川洁／作

日夏耿之介／藏票

《转身颂》／载

瓦德尔·甘布曼／作
未详／藏票
《表现派图案集》／载

广川松五郎／作
田中清一／藏票
《彷徨中的希腊诸神》／载

结城素明／写

丸善／藏票

（丸善配发的团扇）

第三章

○藏书票爱好者与收集趣味
○日本藏票界领袖与藏票会
○藏书票制作者

○ 藏书票爱好者与收集趣味

不拘如何，在收集藏书票的过程中会不断地增加兴趣。最近就听说，时不时有新的收集家出现。当然与国外的藏票收集热还不可同日而语。首先从经费的角度讲，藏票收集乃属超级奢侈，说到底无法比肩于火柴盒的收集和邮票收集。

就是说，真正的价值体现在书中实际贴用的藏票收集。所以并非日本那种单纯的东施效颦，即将从未用过的食器归拢到一处。织田一麿也曾说过："外国人的此般收藏是非常有趣的，各类收藏品上都会有此类体现特定价值的标贴，例如一本书的特定价值。这加深了他们对于生活的热爱。例如一本古书上贴附着路易几世用过藏书的标贴，便会产生价值连城的感觉。许多外国人尤其关心传说和历史，他们认为古旧书籍比新书更有特别的价值，据说有些人专门收集藏书票。"就是说他们经常光顾旧书店，用心找寻旧书上贴附的藏书票，一旦找到上佳藏品——或为政治家珍藏或为诗人藏书，便会互相炫耀。这一点与日本相互映衬，日本人喜欢收藏名家的藏品印。偶尔也会有人收集日本旧书上的藏书票，但那种嗜好既不实用亦未普及，无法满足收集欲。

藏书票原本只是个人的兴趣，其使用普及与否或有无收集家皆属未知。但只要一次海外游，对欧美的趣味喜好有所了解，就会理解藏书票的趣味及其收集。亦如市岛翁所言，日本的藏票收集家曾有森村银行的诸葛小弥太以及坪井小五郎博士等，想必也不在少数。

而恩地孝四郎氏基于艺术性感觉，认为私人藏票未必一定使用于书籍。恰如老树干萌发出生气盎然的新绿枝，近代的私人收藏艺术亦以新的生命力投入艺术家的怀抱。美丽的小片新枝萌发至今不能忘记了树干，而业已独立的私人藏书票面对的是书籍——我在这个世界上已有充分的独立性格，没有你也可以独自地发挥作用。于是实现了新的出发点。我见到了我的收集家。没有书的私人藏票成为收集品对象，具有了充足的存在理由。但私人藏票的商业交易在1895年指数为50，五年后就变成了300。私人收集成为一个行业。据说如今，爱好、热衷于此且实现了相互交换的收集家数不胜数。

○ 日本藏票界领袖与藏票会

论及藏票趣味，最早表现出兴趣且成为先觉者的文学家，有市岛谦吉、夏目漱石、内田鲁庵、林若吉、小岛乌水、北原白秋等，曾有后援的作家则是桥口五叶、石井柏亭、织田一磨、川路柳虹、结城素明、小泉胜尔、恩地孝四郎等。藏票制作协会计划是在进入大正时期的大正五年末，由著名版雕师香取绿波首先提出倡导、十多位名家赞助推动的。最终却不了了之。其次是大正九年八月号的《水绘[1]》，织田一磨氏曾著文说——“藏票版会业已成立运营云云”，他认为那是理所当然的事情。

第三次成立的便是继承了香取志向的日本藏票会，大正十一年至今已举行了五次公募制作，与欧洲的私人

---

1. 水彩画。

收藏会也曾有过作品交换，博得相当的好评。再者便是大正十五年春，由冈崎趣味会筹划的冈崎藏票会，据说以石版为主不久实现了第二次作品募集。但我所见到的只是第一次的募集作品。此外，据说昭和三年还成立了“创作藏书票交换会”及其他几个协会，作品情况未详。去年十一月前后，经美术商石原求龙堂之手，看到了平冢运一氏的自刻藏书票等。

○ 藏书票制作者

遗憾的是，读者诸君中或亦有人想要制作藏书票，抑或想要求得更好的藏票，但却很少有人直接委托市井的印刷匠，事无巨细地一一委托实在麻烦，因而虽有那般念想却最终很少有人能实现。

另一方面，虽说印刷的发达同时造就了大量艺术喜爱者，但当时的印刷与今日的印刷还是无可比拟。我们看到藏票宣传的同时也在品尝着那般苦痛。

毫无疑问，对于艺术意识发达的人，平凡的印刷无法令之满足。所以对版画感兴趣的人可以自画自刻。方寸一叶尽可实现充分的自我表现。于是手工自制绘画明信片成为时尚。那么藏票的制作便是广义的前述应用的永久性固化，那也是版画制作者的幸福。芋版则富于野趣，还有石版、钢版、木版等。所有的创作徘徊于无限的艺术境地，由趣味产生了诗歌和交响曲，产生了力量、线条和色彩的节奏，也有率真的美的余韵。

在传统的木版画中包括钢版、石版和凸版，必须对印刷有透彻的理解。创作方面虽然有了长足的进展，但印刷业者的艺术性意识却仍旧滞后。浏览近期陆续出版的刊行物，便可想象那般结果产生的矛盾。在与外国相应刊行物进行对照时，前述感触尤其深刻。我国的印刷术研究，尚有十二分深化的余地。极少数画家创作的版画是作为艺术发表的。但作为值得夸耀的版画国，其实有着严重的束缚。

制作藏票时，最理想的是铜版、石版和原色版。但是制作费过于高昂，仅有极少数的印刷所可以接受这种方寸一片的小活儿。就此而论，能够胜任的唯有作为日本印刷精髓的木版印刷，简便、色彩自由、二百张三百张的小量印刷也能接活儿制作，再就是相对便宜。这种木版技术，在锦绘废颓期的明治初年以后，部分匠人分流到出版物的卷头绘画、扉页制作和团扇制作以及役者绘[1]的行当，晚近入大正昭和期，版画的复兴令复刻物[2]流行。当然无法恢复昔日气势。所以在诸般应用中，只是以木版的形式做出相应于我们时代的洋书韵味。这里所谓的木版和凸版是重叠的。先是原稿的照相程序，然后是制版，以期完全或完美的构图与印刷。画家不厌其烦。虽说过犹不及，毕竟为藏票的精进渐次打下了基础。

开场白絮絮叨叨。今后诸君若希望制作藏票却尚未找到制版者，不妨去找代代木的求龙堂或日本藏票会洽

1. 以歌舞伎的舞台舞姿或日常生活风俗为主题的绘画总称。

2. 按原样重新制版刊行的稀有书籍或书画作品等。

谈。后者是雕版师，也有裁版师的知己，不惜为同好者效犬马之劳。

不过可能的话，还是自刻创作最好。自刻自裁自然会有几次失败的经历。相关于此也有几部指导类书籍。早期有户张孤雁氏的《创作版画与版画的制作方法》，后有长濑义郎氏的《致版画创作者》。近期则有小泉葵己氏的《木版画的镌刻方法与印刷方法》，出版方是“水绘”的春鸟会，最近有艺术类出版方推出了类似的书籍。他们都让我们感觉亲近，使我们获益匪浅。

附录

○ 日本藏票会作品概评

日本藏票会创立于大正十一年，一次入会约百人，发表的作品如下所示。

第一次	大正十一年八月	（东京）
第二次	大正十二年四月	（东京）
第三次	大正十三年十二月	（大阪）
第四次	大正十四年十二月	（大阪）
第五次	昭和三年五月	（大阪）

第一次毕竟是初次接触，对于藏票的用途几乎全无了解。即便是较好的作品，色彩也过于强烈，作为藏书票缺少沉静感。图案说到底也让人感觉轻浮。不过从雕版方法上讲，香取老的奔走绝非无益。而藤门院氏亲笔的线描绘制，呈磨砂般浅蓝色调，是颇具宗教画风的上

佳制品。其次是大中氏、加山龙之助氏和法月氏的制品，皆以山脉描绘为背景（三人皆为旅行家），构图和色调相似，均有沉静之感。三图皆出自饭岛抚山氏的手笔。还有一些佳作如淡彩之作以铃木祥湖氏的姓为表征，配以第一个字“铃”的罗马字母S；另有梅村包雄氏自绘的眼球，乃以深褐色为表现主色。

第二次的作品仍然显得色彩过于强烈。其中尤其出彩的是中村岳陵画伯的作品——藏蓝纸纯金色调，宝珠形轮廓内是中村姓，整体呈麦穗形。不论怎样说，这件作品都可谓空前绝后的第一位。梅村氏自绘画作的构图亦十分单纯，配色只是深褐色与绿色，乃此期出类拔萃的作品。此外户田君佛画般呈黑色调的画作，江崎氏的人物画，稻垣豆人氏红黑色的南洋图案以及小西卜鲶君的鲶图等，图案和色调上皆无可挑剔。

第三次是香取老的震殁纪念，雕版裁版都移到了大阪，尤其是裁版宗师藤浪吟庄氏经手的制品，以描绘老人自身的桃花壶最具代表性，其次有山尾氏的迴灯笼、吉田永光氏的天神和丰仲氏的裸妇等。总之作为一种版画体现了难能可贵的一面。此外有驹村氏的行水图、可山氏的帆船、矢追氏的黑船图、青山氏的读书图、石井竹马氏的自画像以及神谷克巳氏书架将要倾倒图案的震灾纪念藏票，这些佳品无论何时观赏都给人以愉快的感觉。尤其是此次尝试性的凸版与木版的并用，具有相当不错的效果。

总体上看，第四次与前三次不相上下，作品皆具有趣的构图。但美中不足的是，仍旧少有版画式的创作者。

例如松田氏的静物图在图样和裁版上，受到来自德国、法国藏票会方面的批评，称那样的作品对于欧洲人是无法想象的。但在日本人看来，诸如大曲驹村氏红毛毡上的自画像，要比欧洲的藏票作品好得多。关场氏的獭鱼图、泽天氏的图腾等，皆为不可忽略的作品。从色彩和图样上看，可以罗列于此的有广濑氏的木兔图、原氏的孩童图、柳屋的柳树图、片桐氏的贞操带图、藤浪氏的五重塔图，等等。再有涩谷修氏寄来的未来派图亦颇具效果，其作品表现出清新的气息而完全没有拘泥于未来派。

第五次是去年五月发表的作品。此次参选的作品有八九十种。上佳的作品一如既往也就那么十余种。大体上讲，比较受欢迎的还是色调单纯的作品。其中岩田荣之助氏的作品，是他初次尝试的藏书票设计，竟产生了非常有趣的结果。画面的背景是红色与褐色，作者一笔描绘出爱书趣味文库窗前读书的孩子，意外产生了异常良好的效果。

牛田鸡村氏的两件作品皆成功之作。一张是老鼠，抱着竹林逍遥的书籍，背景是浅绿色的；另一张是加山三郎氏的藏票，图案是宽阔繁杂的横滨港。

此外有一些藏票在色彩设计上是成功的，但作者不明。例如小田庄的人鱼、明文堂的龙图、本八的陶画式设计、后苑庄的鹿、梁城的鮹壶等都是上佳的作品。

通过以上描述可以了解，主要的执笔家如下。除此之外乃自创作品。遗憾的是，我们希望尝试自画自刻的版画作品，如今却不尽如人意。

森田恒友氏　　木村庄八氏

小出楢重氏　　横井弘三氏

中川纪元氏	涩谷　修氏
饭岛抚山氏	桥本春陵氏
山内神斧氏	川崎巨泉氏
河村目吕二氏	铃木祥湖氏
森田乙三洞氏	牛田鸡村氏
岩田荣之助氏	並木瑞穗氏

◯ 藏票同好会作品

此会如前所述，实际上并不成功，到头来只有发起人和相关画家制作了一些样板式的作品。数量约莫十二种。与日本藏票会的作品相比，多数呈二色且相当单调，入选作品淡彩到了极致。例如线条呈暗褐色，充其量仅有一些淡黄色，票型也偏小，类似邮票或火柴盒。多数图案是船舶、家禽或花草等。香取老雕刻中的有些形象十分有趣，主要的执笔者有小林源太郎氏、小泉胜尔氏等。

○ 冈崎藏票会作品

冈崎趣味会已举办了两届展会。我所见到的只是第一届展会时的作品。第一届大约有六十种展品，全部限定同一形状，火柴盒大小，而且统统都是石版画。故从趣味性上讲，尽皆败作。前述六十余种作品中，可称得上个人收藏的作品仅有两三种。遗憾的是没有一件具有新鲜感、创作感的作品。上述失败引致的结果是形态与色调少有变化，笔画上沦为同一人的图式。值得庆幸的是会员们希望从那般束缚中解放出来，拿出更好的作品。

○ 藏书票余谈

我曾经孤陋寡闻地宣传说，希望创发更加广义的藏票，使藏票不仅与书籍相关，也可以贴在小纸盒上成为一般性的收集品。旋即有人提醒我不要异想天开，那是一种习以为常的惯例。从私人收藏和藏书票的意义上讲，或许乃是所谓的邪道。其实，未必略去了“书字”，“藏（书）票”便无法使用。近期细心查询的结果是，外国也曾有过例外的先例，曾经有称作藏书票的章票Ex Museo。在日本，早就有柳川春叶子将之用于藏票以外的藏品和包装纸，整理上极其便利，看着也赏心悦目。我发现前述记事时，大大惊异于前辈们的创造。

此外，柳川氏还将章票添加用于赠品，若以熨斗熨烫可替代名片，这样制作的名片毋宁说别具风流雅致，堪谓四德[1]。历数柳川氏之说或恩地氏之说，其用途有颇多方面，但仍被叱为藏票界之外道。

1. 四德有多种说法。这里或为《书经 · 尧典》中圣王所具四德：钦、明、文、思。

听松庵（芝增上寺书斋名）／作

芝增上寺／藏票

1750 年前后

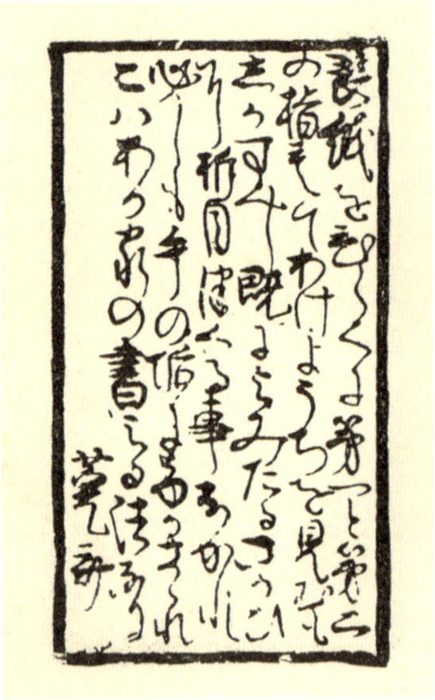

芜斋／作

芜斋／藏票

1800 年前后（江户幕府末期）

东京书籍馆／藏票
1872 年

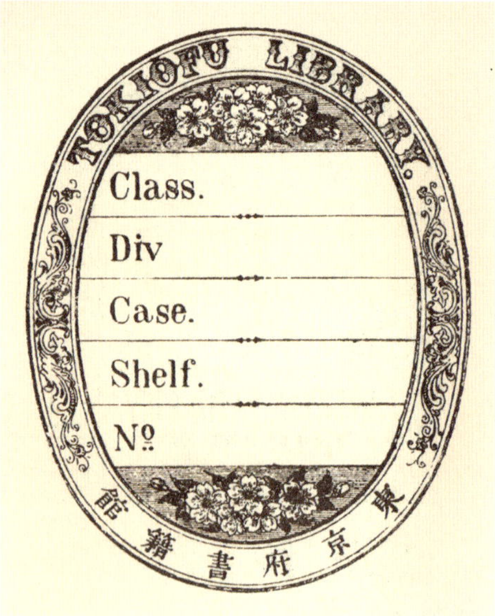

东京府书籍馆／藏票

1877 年前后

埃米尔 · 奥立克／作
埃米尔 · 奥立克／藏票
1900 年

埃米尔·奥立克／作
未详／藏票

埃米尔·奥立克／作
埃米尔·奥立克／藏票

埃米尔·奥立克／作

埃米尔·奥立克／藏票

小泉胜尔／作
香取绿波／藏票
1916 藏票同好会

佚名／作
市川氏／藏票
1916 藏票同好会

小林源太郎／作
小林源太郎／藏票
1916 藏票同好会

饭岛抚山／作

大中空峰／藏票

1922 日本藏票会

梅村包雄／作

梅村包雄／藏票

1923 日本藏票会

饭岛抚山／作

著作年报社／藏票

1923 日本藏票会

户田门时雨／作
户田门时雨／藏票
1923 日本藏票会

山内神斧／作
吉田永光／藏票
1924 日本藏票会

川崎巨泉／作
广濑理一／藏票
1925 日本藏票会

冈崎趣味会／作
白雅浅野／藏票
1925 年

佚名／作

未详／藏票

格雷厄姆·约翰斯顿（里昂勋爵法院所属画家）／作
未详／藏票

托马斯·贝威克／作
罗伯特·平克尼／藏票

查尔斯·威廉·舍伯恩／作

未详／藏票

卡尔 · 斯蒂芬 · 容格／作
里奥 · F. 法根／藏票

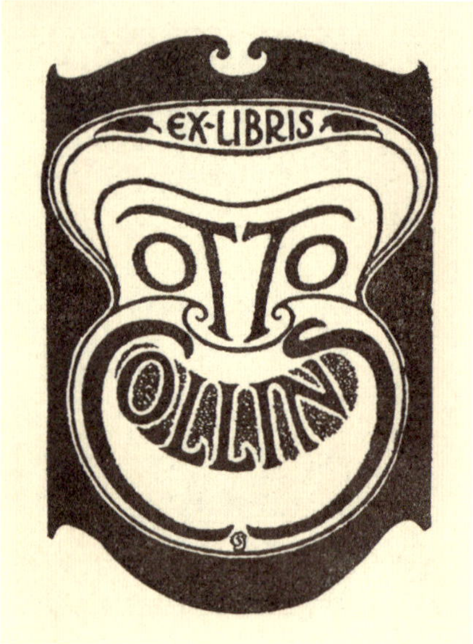

卡尔·斯蒂芬·容格／作
科林斯／藏票

马克斯 · 古根伯格／作
奥恩 · 曼克／藏票

威廉 · 马克森／作
汉斯 · 巴德克／藏票

乔治·巴洛修斯／作
未详／藏票
1900 年

125

弗里茨·赫尔姆特·埃姆克／作
维克多·博克／藏票
1900 年

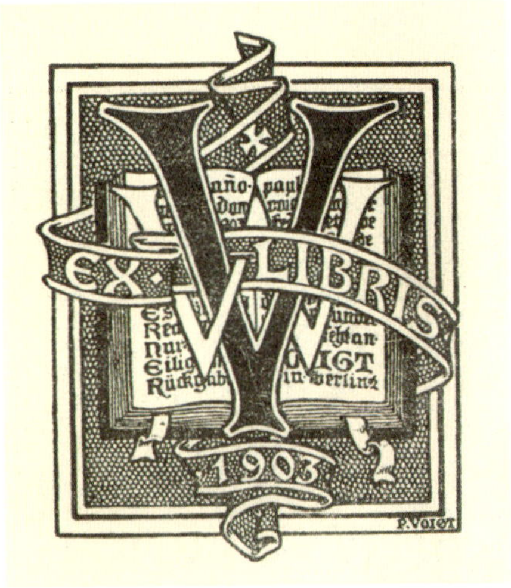

保罗·沃格特／作

未详／藏票

1903 年

海因里希 · 沃格勒／作
阿尔弗雷德 · 哈德特／藏票
1908 年

哈罗德 · 尼尔森／作

未详／藏票

佚名／作

约翰 · K. 克雷顿／藏票

佚名／作

哈里 · 帕克／藏票

佚名／作
乐天·赫里奇／藏票

佚名／作

威利·特罗普／藏票

佚名／作

M. E. 菲利普／藏票

阿洛伊斯·科尔布／作

马里斯·博恩／藏票

佚名／作

艾尔西 · S. 莫斯／藏票

卡尔·米歇尔／作

M. I. 内格里亚努／藏票

尤金·亨利·比绍夫／作
乔治·赖因哈特／藏票

莫莉·鲍威尔／作
未详／藏票
1924年

亚曼·瑞尔斯／作
未详／藏票
1925 年

维西恩 · 思博兰德／作
查尔斯 · M. 道蒂／藏票

M. 卡莱特／作

罗杰 · 普雷沃／藏票

1926 年

A. 格林内尔 · 布鲁塞利／作
罗杰 · 普雷沃／藏票

U. 维尔纳斯 · 贝尔兹／作
保罗 · 德勒／藏票

史瓦斯特／作

F. 科珀特斯／藏票

1929 年

史瓦斯特／作

约瑟夫·德沃斯／藏票

史瓦斯特／作
未详／藏票
1924 年

史瓦斯特／作

A. 道格／藏票

史瓦斯特／作
罗杰·普雷沃／藏票

M. E. 莉莲／作

卡尔 · 梅塞尔／藏票

霍珀纳 · 菲杜斯／作
未详／藏票

马克斯·申克／作

海因里希·克莱因／藏票

卡尔·里特／作
未详／藏票

里奥 · 弗兰克／作
未详／藏票

汉斯·沃尔克特／作
未详／藏票

斯坦尼斯劳斯 · 库哈内克／作
鲁道夫 · 格里伯／藏票

莫莉 · 鲍威尔／作
未详／藏票

恩地孝／作

恩地孝／藏票

1925 年

伊藤义辉／作
伊藤义辉／藏票
1925 年

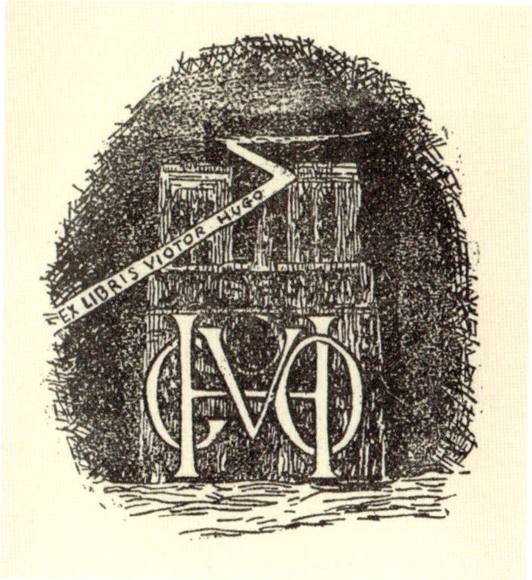

佚名／作

文豪雨果／藏票

佚名／作
画家马奈／藏票

佚名／作

乔治·华盛顿／藏票

比亚兹莱／作
比亚兹莱／藏票

The University of Chicago
Libraries
Cres Cat Sci entia
Vita Exco latur

佚名／作
芝加哥大学／藏票

佚名／作

斯塔尔博士／藏票

织田一磨／作

中山太阳堂／藏票

佚名／作

市川福之助／藏票

杉山寿荣男／作

柳川春叶／藏票

1917 年

桥口五叶／作
矢口／藏票

希腊古铜器上图案

小山源治／藏票

有岛生马／作
志贺直哉／藏票

美国制笔记本封面纸（其一）

美国制笔记本封面纸（其二）

派·罗斯／作
未详／藏票

派 · 罗斯／作
未详／藏票

布鲁诺·赫伦克斯／作
未详／藏票

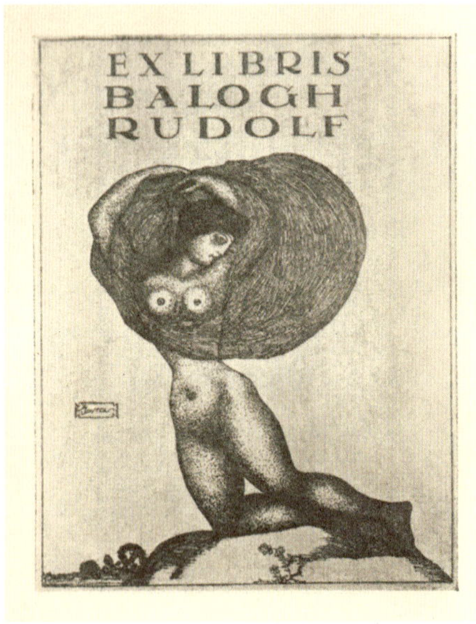

阿鲁德·古拉／作
巴洛·鲁道夫／藏票

路易斯·加西亚·法格斯／作
若昂·鲍西斯／藏票

马克斯·克林格尔／作

弗里德里希·博布森／藏票

饭岛抚山／作

加山龙之助／藏票

铃木祥湖／作
铃木祥湖／藏票

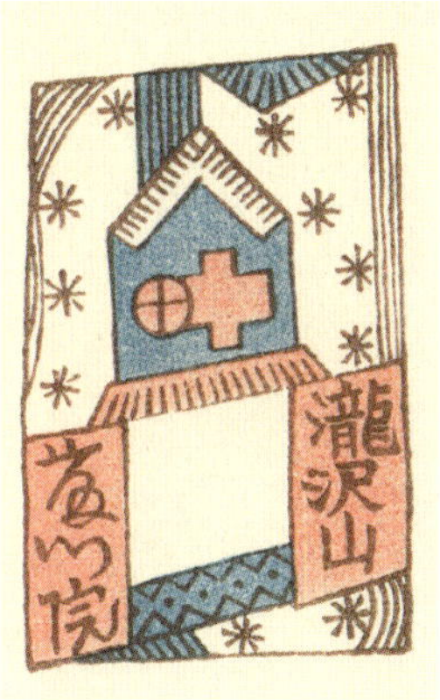

藤门院／作

藤门院／藏票

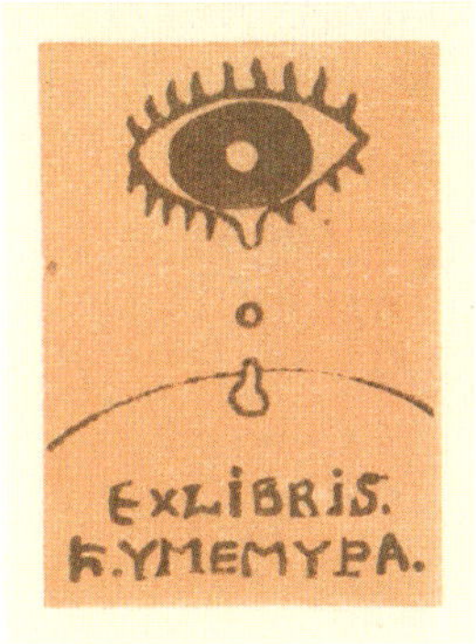

梅村包雄／作
梅村包雄／藏票

中川纪元／作
斋藤昌三／藏票

桥本春陵／作

法月光二／藏票

桥本春陵／作

小西一四三／藏票

涉谷修／作

矢追又一／藏票

涉谷修／作

青山督太郎／藏票

山内神斧／作

藤浪吟庄／藏票

山内神斧／作
泽田例外／藏票

山内神斧／作

关场不二彦／藏票

牛田鸡村／作

加山三郎／藏票

岩田荣之助／作
赤星信一／藏票

牛田鸡村／作

芳本仓太郎／藏票

牛田鸡村／作

森田明文堂／藏票

牛田鸡村／作

加山道之助／藏票

井木瑞穂／作
半泽正五郎／藏票

山口林治／作
山口林治／藏票

加山三郎／作

安斋一安／藏票

户田门时雨／作
少雨庄／藏票

美术学校学生／作
内田鲁庵／藏票

牛田鸡村／作

日本藏票会／藏票

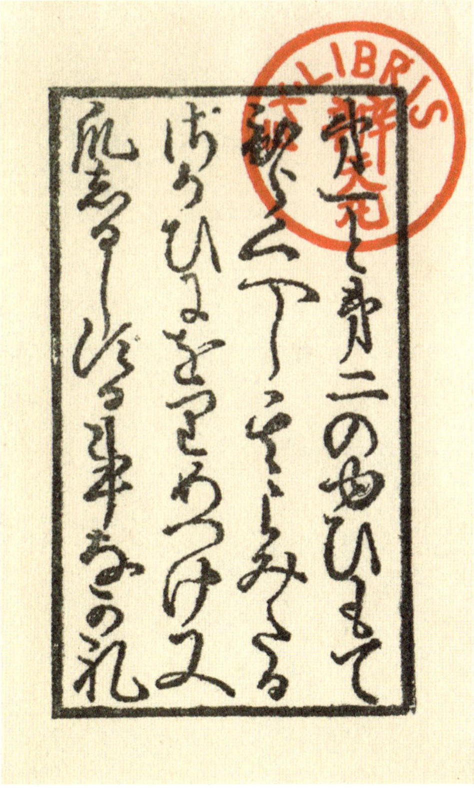

佚名／作

木村孝／藏票

珍文闲文舍／作

珍文闲文舍／藏票

新桥堂／作
未详／藏票

○ 插图索引

074	团扇	结城素明	丸善
099	文字	听松庵	芝增上寺
100	文字	莞斋	莞斋
101	纹章	(铜版)	东京书籍馆
102	纹章	(铜版)	东京府书籍馆
103	脸与木兔	埃米尔·奥立克	埃米尔·奥立克
104	L M	埃米尔·奥立克	未详
105	墨水瓶与木兔	埃米尔·奥立克	埃米尔·奥立克
106	疾驰的帆船	埃米尔·奥立克	埃米尔·奥立克
107	绿波老	小泉胜尔	香取绿波
108	蛙	佚名	市川氏
109	雄鸡	小林源太郎	小林源太郎
110	山	饭岛抚山	大中空峰
111	抱膝女人	梅村包雄	梅村包雄

112	桌子	饭岛抚山	著作年报社
113	佛画	户田门时雨	户田门时雨
114	天神	山内神斧	吉田永光
115	玩具木兔	川崎巨泉	广濑理一
116	宝船瓦	冈崎趣味会	白雅浅野
117	纹章(牛)	佚名	未详
118	纹章(鹿)	格雷厄姆·约翰斯顿	未详
119	纹章(岩壁文字)	托马斯·贝威克	罗伯特·平克尼
120	宝冠	查尔斯·威廉·舍伯恩	未详
121	文字图案	卡尔·斯蒂芬·容格	里奥·F. 法根
122	文字的脸	卡尔·斯蒂芬·容格	科林斯
123	圆形纹样(一)	马克斯·古根伯格	奥恩·曼克
123	圆形纹样(二)	威廉·马克森	汉斯·巴德克
124	读书人	乔治·巴洛修斯	未详

125	书架	弗里茨·赫尔姆特·埃姆克	维克多·博克
126	VW与书	保罗·沃格特	未详
127	花纹颈	海因里希·沃格勒	阿尔弗雷德·哈德特
128	草坪上的女人	哈罗德·尼尔森	未详
129	建筑与书	佚名	约翰·K.克雷顿
130	HP与书	佚名	哈里·帕克
131	书上孩子	佚名	乐天·赫里奇
132	拥抱	佚名	威利·特罗普
133	岩上裸妇	佚名	M. E. 菲利普
134	浴泉浴客	阿洛伊斯·科尔布	马里斯·博恩
135	白壁之家	佚名	艾尔西·S. 莫斯
136	圆光裸女	卡尔·米歇尔	M. I. 内格里亚努
137	佛陀	尤金·亨利·比绍夫	乔治·赖因哈特
138	水边的家	莫莉·鲍威尔	未详

139	裸女与蛇	亚曼·瑞尔斯	未详
140	面朝太阳的人	维西恩·思博兰德	查尔斯·M. 道蒂
141	座女读书	M. 卡莱特	罗杰·普雷沃
142	楼梯裸女	A. 格林内尔·布鲁塞利	罗杰·普雷沃
143	土垣船	U. 维尔纳斯·贝尔兹	保罗·德勒
144	看画的人	史瓦斯特	F. 科珀特斯
145	女人与狐	史瓦斯特	约瑟夫·德沃斯
146	书与鹅毛笔	史瓦斯特	未详
147	塔与舟	史瓦斯特	A. 道格
148	佩剑之人	史瓦斯特	罗杰·普雷沃
149	持羽之女	M. E. 莉莲	卡尔·梅塞尔
150	八手下人	霍珀纳·菲杜斯	未详
151	头上裸女	马克斯·申克	海因里希·克莱因
152	与骸骨共舞	卡尔·里特	未详

153	AT与女人	里奥·弗兰克	未详
154	玫瑰女人	汉斯·沃尔克特	未详
155	骸骨与女人	斯坦尼斯劳斯·库哈内克	鲁道夫·格里伯
156	庭内三人图	莫莉·鲍威尔	未详
157	裸女	恩地孝	恩地孝
158	苹果	伊藤义辉	伊藤义辉
159	门	佚名	雨果
160	肖像	佚名	马奈
161	纹章	佚名	乔治·华盛顿
162	顶木的男人与裸女	比亚兹莱	比亚兹莱
163	纹章	佚名	芝加哥大学
164	墨西哥风俗	佚名	斯塔尔博士
165	盘髻女人	织田一磨	中山太阳堂
166	福禄寿	佚名	市川福之助

167	笹舟	杉山寿荣男	柳川春叶
168	成荫垂柳	桥口五叶	矢口
169	兔	希腊古铜器上图案	小山源治
170	挑鱼的孩子	有岛生马	志贺直哉
171	手持松明的人	美国制笔记本封面	未详
172	船上的孩子	美国制笔记本封面	未详
173	女人与豹(一)	派·罗斯	未详
174	女人与豹(二)	派·罗斯	未详
175	书前女人	布鲁诺·赫伦克斯	未详
176	解罗裳女	阿鲁德·古拉	巴洛·鲁道夫
177	骸骨与女人	路易斯·加西亚·法格斯	若昂·鲍西斯
178	奔马与女人	马克斯·克林格尔	弗里德里希·博布森
179	山	饭岛抚山	加山龙之助
181	铃与S	铃木祥湖	铃木祥湖

183	家	藤门院	藤门院
185	眼	梅村包雄	梅村包雄
187	裸女	中川纪元	斋藤昌三
189	鸟	桥本春陵	法月光二
191	鲶	桥本春陵	小西一四三
193	船	涉谷修	矢追又一
195	读书	涉谷修	青山督太郎
197	桃壶	山内神斧	藤浪吟庄
199	图腾	山内神斧	泽田例外
201	獭	山内神斧	关场不二彦
203	横滨港	牛田鸡村	加山三郎
205	阁楼读书	岩田荣之助	赤星信一
207	中国人	牛田鸡村	芳本仓太郎
209	龙	牛田鸡村	森田明文堂

211	黑船	牛田鸡村	加山道之助
213	面	并木瑞穗	半泽正五郎
215	花鸟	山口林治	山口林治
217	船	加山三郎	安斋一安
219	桃太郎	户田门时雨	少雨庄
221	行走的人	美术学校学生	内田鲁庵
223	读书的人	牛田鸡村	日本藏票会
225	利用宽永藏票的辨天丸	佚名	木村孝
227	珍纷汉	珍文闲文舍	珍文闲文舍
229	卖品藏票	新桥堂	未详

○ 中外译名对照表

A. 道格	A. Dauge
A. 格林内尔・布鲁塞利	A. Grenell Bruselly
阿尔布雷特・丢勒	Alberecht Durer
阿尔弗雷德・哈德特	Alfred Hadelt
阿鲁德・古拉	Aruold Gura
阿洛伊斯・科尔布	Alois Kolb
艾尔西・S. 莫斯	Elsie S. Moss
埃哈德・拉多尔特	Erhard Ratdolt
埃米尔・奥立克	Emil Orlik
奥恩・曼克	Aune Manc
巴洛・鲁道夫	Balogh Rudolf
保罗・德勒	Paul Delleur
保罗・沃格特	Paul Voigt
布鲁诺・赫伦克斯	Bruno Heronx
查尔斯・M. 道蒂	Charles M. Doughty
查尔斯・威廉・舍伯恩	Charles William Sherborn

F. 科珀特斯	F. Coppieters
弗雷德里克·斯塔尔	Frederick Starr
弗里茨·赫尔姆特·埃姆克	Fritz Helmuth Ehmcke
弗里德里希·博布森	Friedrich Bobsiem
格雷厄姆·约翰斯顿	Graham Johnston
哈里·帕克	Harry Puck
哈罗德·尼尔森	Harold Nelson
海因里希·克莱因	Heinrich Klein
海因里希·沃格勒	Heinrich Vogeler
汉斯·巴德克	Hans Badeker
汉斯·荷尔拜因	Hans Holbein
汉斯·沃尔克特	Hans Volkert
霍珀纳·菲杜斯	Höppener Fidus
卡尔·里特	Karl Ritter
卡尔·梅塞尔	Carl Messer
卡尔·米歇尔	Karl Michel

卡尔·斯蒂芬·容格	Carl Stephen Junge
科林斯	Collins
乐天·赫里奇	Lotte Herrlich
里奥·F. 法根	Leo F. Fagan
里奥·弗兰克	Leo Frank
卢卡斯·克拉纳赫	Lucas Cranach
鲁道夫·格里伯	Rudolf Graeber
路易斯·加西亚·法格斯	Luis Garcia Falgàs
罗伯特·平克尼	Robert Pinkney
罗杰·普雷沃	Roger Drevot
M. E. 菲利普	M. E. Philipp
M. E. 莉莲	M. E. Lilien
M. I. 内格里亚努	M. I. Negreanu
M. 卡莱特	M. Callet
M. 克莱因·戈尔	M. Klein Gel
马克斯·古根伯格	Max Goggenberger

马克斯·克林格尔	Max Klinger
马克斯·申克	Max Schenke
马里斯·博恩	Marise Bohn
莫莉·鲍威尔	Molly Power
尼古拉斯·培根	Nicholas Bacon
派·罗斯	Pie Ross
乔治·巴洛修斯	Georg Barlösius
乔治·厄内斯特·莫理循	George Ernest Morrison
乔治·赖因哈特	Georg Reinhart
若昂·鲍西斯	Toan Baucis
史瓦斯特	Shiyvaest
斯坦尼斯劳斯·库哈内克	Stanislaus Kulhanek
托·布兰契	Tour Blanche
托马斯·贝威克	Thomas Bewick
托马斯·特雷舍姆	Thomas Tresham
U. 维尔纳斯·贝尔兹	U. Wernaers Belz

瓦德尔・甘布曼	Werder Gumpman
威利・特罗普	Willy Tropp
威廉・马克森	Wilhelm Maxon
维克多・博克	Victor Bock
维西恩・思博兰德	Vision Splended
希尔布兰德・勃兰登堡	Hildebrand Brandenburg
亚曼・瑞尔斯	Armand Rels
伊・伏尔吉亚	Etch Fuggeria
因・奥里克	In Oric
尤金・亨利・比绍夫	Eugene Henry Bischoff
约翰・K. 克雷顿	John K. Clayton
约瑟夫・德沃斯	Joseph Devos

出版说明

本书以1930年4月日本展望社改订增补版（改版本）为底本翻译而成，与1929年8月初版本插图等略有差异之处，皆依改版本为准。另改版本中有26张藏书票为原票贴入，此次中文版原大、原色、原样单面印于书页（正文179页至229页）。

图书在版编目（CIP）数据
藏书票之话/（日）斋藤昌三著；魏大海译.—北京：金城出版社有限公司，2021.8
ISBN 978-7-5155-2205-0

Ⅰ.①藏… Ⅱ.①斋…②魏… Ⅲ.①书票—研究 Ⅳ.①G262.2

中国版本图书馆CIP数据核字（2021）第088328号

藏书票之话

著　　者　[日]斋藤昌三
译　　者　魏大海
责任编辑　杨　超　彭洪清
责任校对　欧阳云
开　　本　700 毫米×980 毫米　1/32
印　　张　9
字　　数　100 千字
版　　次　2021 年 8 月第 1 版
印　　次　2021 年 8 月第 1 次印刷
印　　刷　天津丰富彩艺印刷有限公司
书　　号　ISBN 978-7-5155-2205-0
定　　价　88.00 元

出版发行　**金城出版社有限公司**　北京市朝阳区利泽东二路 3 号　邮编：100102
发 行 部　（010）84254364
编 辑 部　（010）64210080
总 编 室　（010）64228516
网　　址　http://www.jccb.com.cn
电子邮箱　jinchengchuban@163.com
法律顾问　北京市安理律师事务所　（电话）18911105819

作者　斋藤昌三（さいとうしょうぞう，1887—1961）

日本著名古书研究家、收藏家、书话家，日本藏票会会员，茅崎市立图书馆第一任馆长，热衷于古书、禁书、藏书票的收集与研究，被称为大正昭和时代的“书痴”“日本藏书票鼻祖”。著有《近代文坛笔祸史》《书痴的散步》《书淫行状记》《江户好色文学史》《藏书票和书籍的装帧》《书物之美》等。所著《藏书票之话》是东方藏书票研究的开山之作，被誉为“东方藏书票的圣经”。

译者　魏大海

著名翻译家，浙江越秀外国语学院外国语言文化研究院教授，中国社会科学院外国文学研究所研究员，中国外国文学学会日本文学研究会常务副会长。著有《日本文学简史》《私小说：20 世纪日本文学的一个“神话”》等，译有《罗生门》《虞美人草》《斜阳·人间失格》《放浪记》《村上春树的别样魅力》等，主编《芥川龙之介全集》《日本私小说精选集》《芥川文集 + 别卷》《日本文学经典系列》《中国日本文学研究会论文集》等。